CHRIS BROWN

# TIGER I ON THE BATTLEFIELD
## ★ WORLD WAR TWO PHOTOBOOK SERIES ★

volume  7

© PeKo Publishing Kft.

**Kiadja/Published by**
PeKo Publishing Kft.
1144 Budapest, Ond Vezér útja 47.
Email: info@pekobooks.com
www.pekobooks.com

**Felelős kiadó/Responsible publisher**
Kocsis Péter

**Írta/Author**
Chris Brown

**A magyar szöveget szakmailag lektorálta/Hungarian text proofreading**
Számvéber Norbert

**Printed in Hungary**

**Fotók/Photos**
Péter Kocsis, Thomas Anderson, Rob Fraser, Greg Del Nero, Pierre Tiquet, Jürgen Wilhelm, Stefan De Meyer, Archive of Modern Conflict, National Archives, Ullstein Bild, Bundesarchive, BPK, Cegesoma, SLUB Dresden-Deutsche Fotothek, Tank Museum, National Library of New Zealand, Süddeutsche Zeitung, Strategia KM, Beeldbank, National Army Museum

**Kiadás éve/First published**
2014

ISBN 978-963-89623-6-2
ISSN 2063-9503

# KÖSZÖNETNYILVÁNÍTÁS

Rendkívül sokat köszönhetek mindazoknak, akik a könyv írása során megosztották velem tapasztalataikat, tudásukat és rendelkezésemre bocsátották fényképeiket. Köszönettel tartozom mindazon levéltárak, archívumok és gyűjtemények tulajdonosai, kezelői felé is, akik a képek gyűjtése során segítségemre voltak.

Köszönöm Tom Cockle-nak és John Prigentnek a kutatás során nyújtott bátorítását és támogatását. Rob Fraser, Greg Del Nero, Pierre Tiquet, Jürgen Wilhelm és Thomas Anderson saját gyűjteményük képeiből bocsátottak rendelkezésemre számos felvételt, illetve külön köszönet illeti Stefan De Meyert, aki önzetlenül megosztotta velem az „Archive of Modern Conflict" hatalmas és saját fényképállományát.

Nagyon hálás vagyok David Byrdennek, aki a könyvben szereplő műszaki adatok feldolgozásában volt nagyon nagy segítségemre. Jelentős segítséget kaptam az érdemi tartalom összeállításához Hartmut von Holdttól, Christian Breitenbachtól, Michael Kennytől és Marek Jaszczolttól. A kézirat ellenőrzését Judith Benka végezte. Végül hálásan köszönöm feleségem, Anne támogatását és türelmét.

# ACKNOWLEDGEMENTS

I very much appreciate the contribution of those who have shared their experience and knowledge and opened the contents of their collections for reproduction here. I would also like to recognise the help and assistance received from the keepers of all the Archives, Collections and Agencies consulted during the picture search.

So, thanks go to Tom Cockle and John Prigent for their encouragement and advice on undertaking the project. For sharing items from their personal collections, thanks go to Rob Fraser, Greg Del Nero, Pierre Tiquet, Jürgen Wilhelm, Thomas Anderson and Stefan De Meyer. Special thanks are also due to Stefan for generously making available a large selection of photos from the Archive of Modern Conflict.

A huge thankyou goes to David Byrden for his assistance with the technical content of the book. Thanks also go to Hartmut von Holdt, Christian Breitenbach, Michael Kenny and Marek Jaszczolt for help with particular content queries. I would like to thank Judith Benka for proofreading the manuscript. Finally thank you to my wife, Anne, for her support and patience.

# BEVEZETŐ

E kiadvány a Tiger I harckocsi kifejlesztésének és alkalmazásának fényképekkel illusztrált kalauza. Bemutatja a harcjármű gyártása során végrehajtott módosításokat, a páncélosokat alkalmazó alakulatokat és azok szervezetét, az általuk használt jelzéseket, valamint a csapatok által elvégzett kisebb módosításokat.

A könyvben számos új, eddig nem publikált fénykép található. Ezeket a rajtuk látható nehézharckocsik alváltozatai, azon belül az azokat használó alakulatok alapján adjuk közre. Reményeink szerint mindenki talál magának valamit a kiadványban: az átlagos olvasó alapismereteket, a Tiger-megszállottak és a gyakorlott makettezők pedig érdekes újdonságokat.

## A TIGER I

1937-ben kezdődött meg egy német nehézharckocsi kifejlesztése, néhány prototípus megépítésével. 1941-ben, a Szovjetunió megtámadását megelőzően igyekeztek felgyorsítani a programot, s ezt tovább sürgették az első összecsapások a szovjet T-34 és KV harckocsikkal. A tervezés során elsődleges szempont lett a vastag páncélzat és a hatékony löveg. Az elfogadott változtatásokat már a prototípuson végrehajtották. A harckocsi hivatalos megnevezése több alkalommal is változott, de leginkább egyszerűen csak Tiger I néven vált ismertté. Fő fegyverzetét a Krupp híres légvédelmi lövegéből átalakított 8,8 cm-es KwK 36 L/56 harckocsiágyú képezte, amelyet további két géppuska egészített ki. A jármű homlokpáncélzatának vastagsága elérte a 100 mm-t.

Teljesen felszerelt és feltöltött állapotban a Tiger I több mint 50 tonnát nyomott. A terepen való mozgáshoz szükséges alacsony fajlagos talajnyomás elérése érdekében széles lánctalpakkal szerelték fel, amelyek azonban túl szélesek voltak ahhoz, hogy biztonsággal elférjenek a hagyományos szélességű vasútvonalak űrszelvényében. Emiatt a szállításhoz egy keskenyebb lánctalpat is terveztek a páncélos számára.

## A TIGER I VÁLTOZATAI

A hagyományos feladat mellett a Tiger I-nek számos más alváltozatát is kifejlesztették, amelyek közül e kiadványunkban a csatár változat mellett a parancsnoki (Befehlstiger) és a rádió-távirányítású robbantójárművek irányítására használt verziókat (Funklenk Tiger) mutatjuk be. E könyvben nem ismertetjük a 38 cm-es mozsárral felszerelt Sturmtigert és a valószínűleg műszaki mentésre használt úgynevezett Bergetigert sem.

## A TIGER I GYÁRTÁSA

Az első három kísérleti példányt 1942 áprilisában építették, amelyet 1944 augusztusáig további 1 346 darab Tiger I legyártása követett. Ekkor a gyártósorok átálltak a Tiger Ausf. B gyártására. A gyártás során végrehajtott változtatások alapján három fő alváltozatot különböztethetünk meg:

- A „korai" változat ismertetőjegyei: az úgynevezett „dob" parancsnoki kupola és gumi futófelülettel ellátott futógörgők. A legkorábban elkészült néhány példányt gyakran „bevezető" szériának is nevezik.
- A „közép" változat ismertetőjegyei: ez az alváltozat 1943 júliusától már az öntött kivitelű parancsnoki kupolával és átszerkesztett toronnyal készült.
- A „kései" változat ismertetőjegyei: az 1944 februárjától belső gumírozású, fém futógörgőket alkalmaztak.

Ezeken felül természetesen a páncélosokon a gyártás során számos kisebb változtatást is eszközöltek. Ezek közül sokat ismertetünk, ám alaposabb elemzésük kívül esik kiadványunk terjedelmén.

Néhány Tiger I-et lehetetlen pontosan beazonosítani a külső jegyek alapján; ezeket „hibrid" változatként ismerjük. Megalkotásuk az adott helyzetből fakadt: vagy az arcvonalak mögötti javítóbázisokon használtak fel korábbról megmaradt részegységeket és alkatrészeket egy sérült, újabb változat kijavításához, vagy a németországi üzemekben, a gyári nagyjavítás során használtak fel egy-egy Tiger I-hez más sorozatból származó részegységeket.

## A TIGEREK KIUTALÁSA A CSAPATOKNAK

Az elkészült Tiger I-ek általában azonnal az éppen felállítás alatt álló alakulatokhoz kerültek. Így eleinte egy-egy kötelékén belül egyforma változatú harckocsikat alkalmaztak. Kivételt jelentettek a parancsnoki változatok, amelyek régebben készült példányok voltak, mint a csatár változatok. Az alakulatok hadrendjének átszervezésekor, illetve a veszteségek pótlásakor további, immár későbbi gyártású Tigerek is kerültek az állományukba, ezért azok egyre vegyesebb képet mutattak.

Sok alakulatot az elszenvedett súlyos veszteségek miatt kivontak az arcvonalból. Ezek megmaradt páncélosaikat más egységeknek átadva, feltöltésre kerültek, ahol általában gyári új harcjárműveket kaptak.

## TÁBORI ÁTALAKÍTÁSOK

A csapatok tábori körülmények között a Tiger I-eken számos kisebb-nagyobb módosítást végeztek el. Ezeket akár alakulat-szinten, de akár egyes páncélosokon is elvégezhették. A leggyakoribb ilyen kiegészítés a tartalékként és a páncélvédettség növeléseként a harcjármű különböző pontjaira felerősített pótlánctagok alkalmazása volt.

## TIGER-ALAKULATOK

1942-ben a *Heer* (német szárazföldi haderő) állományában öt nehézpáncélos-osztályt *(schwere Panzer-Abteilung)* hoztak létre, 501-től 505-ig számozva. Egy osztály állományába két parancsnoki változat, valamint két századába egyenként 9-9 Tiger I tartozott. Ezeken kívül további négy nehézpáncélos-századot is felállítottak, amelyek közül egy a *„Großdeutchland"* páncélosezredhez, egy-egy pedig az 1. *„Leibstandarte SS Adolf Hitler"* SS-, a 2. *„Das Reich"* SS- és a 3. *„Totenkopf"* SS-páncélgránátos-hadosztályok SS-páncélosezredeihez került. Ezek a századok még vegyesen alkalmazták a Tigereket az őket támogató Panzer III-okkal.

1943 tavaszára a nehézharckocsik már nagyobb mennyiségben álltak rendelkezésre. Ezért az osztályokat három, egyenként 14 Tiger I-ből álló századokra bővítették, illetve egy törzsszázadot kaptak *(Stabskompanie)*, amelynek állományában 3 parancsnoki Tiger volt. A *„Großdeutchland"* Tiger-alakulatát, valamint – valamivel hosszabb idő alatt – a három SS-páncélgránátos-hadosztály Tiger-századait is nehézpáncélos-osztállyá szervezték át. Utóbbiak hadrendi megnevezése *s. SS-Pz. Abt. 101-103* lett. A századok megmaradt Panzer III-ait más alakulatok között osztották szét.

1943-1944 során öt újabb nehézpáncélos-osztályt állítottak fel a *Heer* keretében *(s. Pz. Abt. 506 – s. Pz. Abt. 510)*. Néhány *Funklenk* Tigert különleges rendeltetésű alakulatok (mint például a *Pz. Abt.[Fkl] 301*) vagy hagyományos nehézpáncélos-osztályok kaptak. A kialakult helyzetnek megfelelően néhány kisebb, rögtönzött Tiger-köteléket is létrehoztak.

A kezelők kiképzéséről és utánpótlásáról a Németországban állomásozó 500. nehézpáncélos pót- és kiképzőosztály *(schwere Panzer-Ersatz und Ausbildungs-Abteilung 500)* gondoskodott.

## A TIGEREK JELZÉSEI

Az új Tigerek a szokásos egyszínű alapfestéssel érkeztek az alakulatokhoz, amelyekre a helyi körülményeknek megfelelően került fel az álcázó festés, a téli hónapokban például fehér meszelés.

A német gyakorlatnak megfelelően a Tiger-alakulatok harcjárműveire is felfestették a hasábkereszteket *(Balkenkreuz)*, ezek elhelyezése és mérete azonban egységenként és időszakonként változott.

A harcászati azonosítószámokat általában a toronyra festették fel. A legtöbb alakulat az előírásoknak megfelelően háromjegyű, az adott századra, szakaszra, és azon belül az adott páncélosra utaló számot alkalmazott. Ugyanakkor néhány egységnél ettől a rendszertől eltértek. Előfordult egy, két, és négyjegyű szám, illetve betű vagy betű és szám együttes használata is. Nagy eltérések voltak a jelzések színében, méretében és stílusában. A parancsnoki harcjárművek számozásakor sem mindig követték az általános rendszert.

Néhány Tigerre festettek ugyan alakulatjelzést, de a legtöbbre nem.

## A TIGEREK ALKALMAZÁSA

A Tiger I-ek első harci alkalmazására 1942 végén, Leningrád közelében került sor az 502. nehézpáncélos-osztály kötelékében. Hamarosan az 501. nehézpáncélos-osztály harckocsijait is bevetették Tunéziában. Szintén az észak-afrikai hadszíntéren harcolt az 504. nehézpáncélos-osztály, amely később Szicíliában, végül Olaszországban (az 508. nehézpáncélos-osztállyal együtt) vett részt a harcokban.

A többi nehézpáncélos-osztály többsége a keleti fronton harcolt (a *„Großdeutchland"* páncélosezred és még néhány osztály kizárólag csak ott). Egyes alakulatokat, mint például az 503. nehézpáncélos-osztályt, a 101. SS- és a 102. SS-nehézpáncélos-osztályt a nyugati frontra is átvezényelték, ahol a szövetségesek franciaországi partraszállását és térnyerését igyekeztek megakadályozni.

A Tiger I-ek a háború utolsó napjáig harcoltak.

**Chris Brown**

# INTRODUCTION

## INTRODUCTION

This book contains a set of photographs covering the development and use of the Tiger I tank. It looks at changes introduced during the production run, units employing the Tiger and their structures, the marking patterns they adopted, and some of the field modifications they made.

Many of the photographs will be new to you. They are sequenced by production type, and within each type, by unit. We hope the book has something for everyone, providing a sound introduction for the general reader and new insights for Tiger enthusiasts and experienced modellers.

## THE TIGER I DESCRIBED

Development of plans for a German heavy tank began in 1937, and a few prototypes were produced. Prior to the invasion of the Soviet Union in 1941, efforts to accelerate the program were initiated. The need was confirmed by encounters with Soviet T34 and KV tanks. Priorities were for thick armour protection and a powerful gun.

The accepted design incorporated much of the work done on the prototypes. The tank's official designation changed considerably over its life, but it is best known simply as the 'Tiger I'. Its main armament was the 8.8cm KwK 36 L/56, developed from Krupp's famous anti-aircraft piece; two machine guns were also carried. Armour was up to 100mm thick on the nose, driver's plate and gun mantlet.

Fully laden, Tiger I's weighed well over 50 tonnes. For cross country travel, wide tracks were needed to keep ground pressure within acceptable limits. Such tracks made the Tiger too wide for transport on standard gauge railways, so narrower tank tracks were also needed.

## TIGER VARIANTS

As well as the standard gun tank, the Tiger I was used in a number of other roles. This book includes coverage of Befehlstigers (headquarters vehicles) and Funklenk Tigers (command vehicles for remote-controlled demolition carriers), but not Sturmtigers (armed with a 38cm mortar) nor so-called Bergetigers (conversions probably used as recovery vehicles).

## TIGER I PRODUCTION

The first of a test series of 3 vehicles was built in April 1942, and a further 1,346 Tiger I's had been completed by August 1944, when production was switched to the Tiger Ausf.B. During this time modifications were introduced allowing three main production types to be identified:

- Early – tall commander's cupola and rubber-tyred road wheels. The first few early production models are often referred to as 'initial' types.
- Mid – from the introduction of a revised turret with cast cupola in July 1943.
- Late – from the introduction of steel-rimmed road wheels in February 1944.

Within these types, changes continued to be introduced, though the rate of change slowed over the production run. Many of the modifications are covered, but it is beyond the scope of this book to describe them all.

Some Tigers had features inconsistent with belonging to a particular type; these are referred to as 'hybrids'. Hybrids arose from the mix and match of items on a local, needs must basis, from rebuilding at tank repair plants, or from refurbishment at the factory back in Germany.

## TIGER ISSUES

Units generally received recently built vehicles during their formation, so initially most of their vehicles would have had similar build features. The exception was Befehlstigers which tended to be older than the rest of the Tigers in a unit. Over time, further issues to expand to new organisation structures and to replace losses could result in units operating Tigers with a wide variety of build features simultaneously.

Following heavy combat losses, some units were withdrawn from the front (handing over surviving Tigers to remaining units) and reconstituted with a new complement of Tigers.

## FIELD MODIFICATIONS

Numerous modifications were made to Tigers in the field, both at unit level and on individual vehicles. Most common was the carrying of additional track links as ready replacements and for additional protection.

## TIGER UNITS

In 1942, five Army heavy tank battalions (abbreviated s. Pz. Abt.) were formed, based on 2 command Tigers and two companies of 9 Tigers. They were numbered s. Pz. Abt. 501 to 505. In addition, four heavy tank companies were created and assigned to Panzer-Regiment Grossdeutschland and three SS Panzer-Regiments (LSSAH, Das Reich and Totenkopf). All operated a mix of Tigers and supporting Panzer III's.

As more Tigers became available in spring 1943, the battalions were expanded to three companies of 14 Tigers each, plus 3 command Tigers in a Stabskompanie (headquarters company). Grossdeutschland's Tiger component was expanded into a full battalion and, over a longer period, three SS heavy tank battalions (s.SS-Pz.Abt. 101 to 103) were created. Surviving Panzer III's were turned-in for re-issue.

During 1943 and 1944 five further Army heavy tank battalions were formed, numbered s. Pz. Abt. 506 to 510. Some Funklenk Tigers were employed in specialised units, such as Pz. Abt. (Fkl) 301, others as part of a regular heavy tank battalion. A few small ad-hoc Tiger units were formed to address particular needs.

A training and replacement battalion (schwere Panzer- Ersatz und Ausbildungs-Abteilung 500) served in Germany.

## TIGER MARKINGS

New Tigers were issued in standard base colours with additional camouflage being added to meet local needs. Whitewash was added during winter months.

In common with standard German practice, most Tiger units used the Balkenkreuz as an identifier. The size and position of the cross varied between units and timeframes.

Tactical numbers were usually applied, normally on the turret. Most units followed the standard German practice of three digits, representing company, platoon and individual vehicle; others used one, two or four digits, a single letter or a mix of letters and numbers. The colour, size and style of the digits varied widely. Similarly, several different numbering systems were used on the Befehlstigers.

Some Tigers displayed a unit emblem; many did not.

## TIGER DEPLOYMENT

The first Tigers to see combat were with s. Pz. Abt. 502 near Leningrad in late 1942, followed closely by s. Pz. Abt. 501 in Tunisia. Also engaged in Tunisia was s. Pz. Abt. 504, which went on to fight in Sicily and then, together with s. Pz. Abt. 508, on mainland Italy.

The remaining Tiger units fought mostly on the eastern front; some, such as Pz.Rgt. Grossdeutschland exclusively. Others, such as s. Pz. Abt. 503, s. SS-Pz. Abt. 101 and s. SS-Pz. Abt. 102 were subsequently moved to the west to meet the anticipated Allied landings in France.

Tiger I's were engaged in combat right until war's end.

**Chris Brown**

A „WH 013896" rendszám alapján ez a legelső korai gyártású Tiger I, amelynek alvázszáma 250001 volt. A páncéloson az eredetileg tervezett lehajtható előtétpáncélzat *(Vorpanzer)* helyett már a „bevezető" sorozat egy lemezből álló sárvédője látható. A későbbiekben ezt kiegészítették egy, a lánctalpat is védő elemmel. A kisméretű „113" szám arra utal, hogy a járművet a fotó készítésének idején a német Fegyverzetügyi Hivatal *(Waffenamt)* tesztelte.

The licence plate 'WH 013896' identifies this as the first early production Tiger I built, with serial number 250001. One-piece sheet metal 'initial' mudflaps replaced the intended Vorpanzer (fold-down armour). Subsequently they were crudely extended and track guards were added. The small '113' indicates a vehicle under test by the Waffenamt, Germany's weapons research and test organisation.

Az 501. nehézpáncélos-osztály „02" harcászati azonosító számú Tiger I-én még szintén a „be-vezető" széria keskeny sárvédője látható. Annak ellenére, hogy ez egy „csatár" változatú Tiger I volt, mégis az osztály törzsszázadába tartozott, amely 1942 végén érkezett Tunéziába az 501/1. páncélosszázaddal együtt. Az első sorozatú, kétrészes sárvédőt, amelynek még nem volt az elején és a végén záróelem, a páncéltest törésével párhuzamosan rögzítették. A két említett század páncélosain jellegzetesen a vezető és rádiós előtti homlokpáncélra szerelték fel a fényszórókat.

Tiger '02' of s. Pz. Abt. 501 also has the narrow 'initial' front mudflaps. Though a standard gun tank, it was one of two Tigers in the Stabskompanie which arrived in Tunisia along with 1/501 in late 1942. The first type two-piece track guards, which lack end caps, run parallel to the sponson bottom, hence are 'kinked' rather than straight. Headlight mounts on the driver's plate are a feature unique to these two companies.

A Tiger I-ekkel és Panzer III-okkal vegyesen felszerelt 502/1. nehézpáncélos-század volt a legelső alakulat, amelyet harcba vetettek. A „bevezető" szériában elkészült „111"-es Tigert egy 7,5 cm-es löveggel felszerelt Panzer III Ausf. N támogatja a leningrádi arcvonalon 1942 végén. Említésre méltó a motortér jobb szélén látható antenna, illetve a Feifel szűrők és a sárvédők hiánya, továbbá a hasábkereszt elhelyezése.

1./s. Pz. Abt. 502 with its mixed complement of Tiger I's and Panzer III's was the first Tiger company to see action. 'Initial' Tiger '111' here is supported by a 75mm Panzer III Ausf.N on the Leningrad front in late 1942. Notable build features include an aerial mount at top right of the rear plate and no provision for Feifel filters or track guards. Note the position of the Balkenkreuz.

Korai gyártású, téli álcázású Tiger I már általános sárvédőkkel és korai kivitelezésű tárolódobozzal. Az 1942 decemberétől alkalmazott menekülőnyílások megjelenésével ezek a tárolódobozok túl szélesnek bizonyultak. A „4"-es harcászati azonosító számú Tiger I az 502/1. páncélosszázad 1943 legelején, első utánpótlásként beérkezett páncélosainak egyike volt. A századnak 1943 februárjára már csak öt Tigere maradt bevethető állapotban (számozásuk „1"-„5"). A legelső, külső futógörgő hiánya az osztály jellegzetessége volt.

Whitewashed early production model with standard mudflaps and an early-pattern turret bin. These bins proved to be too wide when escape hatches were introduced in December 1942. Tiger '4' was one of 1./s. Pz. Abt. 502's first replacements, received in very early 1943. By February 1943, the company had only five Tigers (numbered '1' to '5') still operational. The missing front outer road wheel is typical of the battalion.

Amikor 1943 tavaszán a Tiger-századok állományát 9-ről 14 páncélosra növelték, az 502/1. páncélosszázad új, kétjegyű számozási rendszert kezdett alkalmazni. A nagyméretű fehér „01" alapján ez a kocsi a századparancsnok páncélosa volt. Felszereltsége és a löveg-pajzson látható sérülés alapján megegyezik a korábbi „1"-es harcászati azonosító számú harckocsival, amely később, a nyár folyamán már „134"-es számozást viselt.

With the expansion of company strength from 9 Tigers to 14 in spring 1943, 1./s. Pz. Abt. 502 adopted a two-digit numbering system. The large white turret number '01' makes this the company commander's mount. Build features and damage to the mantlet reveal that this Tiger had been numbered '1' earlier in the year and went on to become '134' by the summer.

A képen a hasábkereszt mérete és elhelyezése alapján az 502. nehézpáncélos-osztály Tiger I-ese látható 1943 második felében. Az osztálynál a 2. és 3. páncélosszázadok beérkezésével új, háromjegyű számozást vezettek be. A torony oldalára rögzített pótlánctag-tartók hiánya arra utal, hogy az alakulat még 1943 májusa előtt vette át a járművet. Figyeljük meg, hogy mennyire túlnyúlik a ködgránátvető a páncéltesten!

The size and position of the Balkenkreuz identify a Tiger belonging to s. Pz. Abt. 502 and the timeframe to the second half of 1943. With the arrival of 2./502 and 3./502 at the front, small 3-digit turret numbers were introduced. The absence of track hangers from the turret side suggests that this vehicle was delivered no later than May 1943. In the rear corner, note how far the S-mine launcher protrudes from the hull.

A „bevezető" és korai széria magas, úgynevezett „dob" parancsnoki kupolája gyenge pont-
nak bizonyult: ennek a Tigernek ellőtték. A közép változatokon már egy kevésbé sérülékeny
formát alkalmaztak. A pótlánctagok tartóinak megléte alapján az 502. nehézpáncélos-osztály
e Tigere már később készült, mint az előző oldalon látható „331"-es. A páncélost a szovje-
tek Leningrádnál zsákmányolták, s mielőtt kiállították a moszkvai Hadsereg Múzeumában,
kiképzésre használták.

The tall cupola on 'initial' and early production types was a weak spot; this Tiger's has
been shot off. A less vulnerable design was introduced on mid-production models. The
track hangers on this s. Pz. Abt. 502 Tiger make it a later build than '331' on the previous
page. Captured near Leningrad, it was used by the Soviets for training before being put
on display at Moscow's Army Museum.

A lövegpajzs azon része, ahova az irányzótávcsövet rögzítették, szintén sérülékeny pont volt. Ezért 1942 novemberétől megerősítették azt. Ennek ellenére még 1943-ban is, a készlet kifogyásáig készültek olyan új Tigerek, amelyekre még a korábban legyártott (eredetileg a Porsche-féle Tigerhez tervezett) lövegpajzsokat szerelték fel. A lövegpajzson látható sérülés és a bal oldali ködgránátvető hiánya arra utal, hogy ez a páncélos megegyezik az 502. nehézpáncélos-osztály előző képen látható „221"-es harcászati azonosító számú Tigerével.

The area around the gunner's sight was another acknowledged weakness, so a reinforcement bar was introduced in November 1942. New Tigers continued to receive unreinforced mantlets until well into 1943 when stock built for the Tiger (P) project was exhausted. The mantlet damage and missing left side smoke dispensers here match Tiger '221' of s. Pz. Abt. 502 seen on the previous page.

16

Az 502/3. nehézpáncélos-századra jellemező módon a „314"-es Tigeren mind a páncéltestre, mind a toronyra felfestették a harcászati azonosító számot. A század a 2. páncélosszázaddal együtt Brittany-ben vett részt kiképzésen, mielőtt 1943 júliusában csatlakoztak volna a Leningrádnál harcoló 1. századhoz. A meghajtókerék agyának fedele az 1943 áprilisától alkalmazott sima változat, a ködgránátvetők és a pótlánctag-tartók azonban már 1943. májusi gyártásra utalnak.

Typical of 3./s. Pz. Abt. 502, Tiger '314' displayed its tactical number on both the sponson side and turret. It trained in Brittany alongside 2./502 before joining 1./502 near Leningrad in July 1943. The drive sprocket hub's centre is the machined flat type introduced in April 1943. The turret's having both smoke dispensers and track hangers suggests a build date around May 1943.

Az egy felső kamrából álló, egyszerűsített Feifel szűrőket 1943 márciusától alkalmazták. A jobb szűrő alatt látható a láncon függő záródugó. A Maybach HL 210 motor indítócsatlakozója függőlegesen helyezkedik el a kipufogók takarólemezei között. A sokkal nagyobb teljesítményű, erősebb HL 230 motort 1943 májusától rendszeresítették. Mivel a tornyon ebből a szögből nem látható harcászati azonosítószám, csak valószínűsíthető, hogy ez a páncélos is az 502. nehézpáncélos-osztály állományába tartozott.

Simplified pattern Feifel filters with a single upper chamber were introduced in March 1943. A drain cap hangs beneath the right hand filter. The starter adaptor plate for a Maybach HL 210 engine is stowed vertically between the exhaust shields. Starting in May 1943, this engine was replaced by the more powerful HL 230. No tactical number being in view on the turret suggests this was also a member of s. Pz. Abt. 502.

Hans Gollnick tábornok (1944. szeptember közepétől 1945 januárjáig Memel erőd-
parancsnoka) az 502/2. páncélosszázad egyik tagját szemlézi. Bár a képen látható
Tiger egy korai gyártású változat, a fehér „216" szám egybevág a kései időponttal.
A század 1944 tavaszán a korábbi sötét számok helyett már fehér keretes számokat
alkalmazott, majd később áttért a teljesen fehér jelzésekre. A „magas" számérték
arra utal, hogy a század az előírtnál több harcjárművel rendelkezett.

General Hans Gollnick, Festungskommandant of Memel from mid-September 1944
to late January 1945, inspects a member of 2./s. Pz. Abt. 502. The white '216' tallies
with such a late date for an early production model. The company switched from dark
to white-outlined numbers in spring 1944 and then to all-white numbers. The 'high'
number indicates that the company was over its establishment figure.

Az 503. nehézpáncélos-osztályt kezdetben a Don menti Rosztovnál vetették be. Az osztály 1943 elején négy Tigerét (köztük az itt is látható „233"-at) küldte vissza Németországba nagyjavításra. A lövegpajzson találatok nyomai láthatóak, hiányzik a jobb oldali ködgránátvető és az ásó tartói. A páncéltest tetején a fényszórók mindkét oldalon megvannak. Ezt a Tigert később Paderbornba szállították, ahol kiképzésre használták.

s. Pz. Abt. 503 was initially deployed near Rostov-on-Don. The battalion returned four Tigers (including '233' seen here) to Germany for major repairs in early 1943. Damage includes gouges from shell impacts to the mantlet, a missing top right hand smoke discharger and a lost spade bracket. Headlights are mounted each side of the hull roof. This Tiger was later used for training at Paderborn.

Az 503. nehézpáncélos-osztály elsők között átvett „123"-asán számos nagyon korai ismertetőjegy fedezhető fel. A tárolódoboz megegyezik a Panzer III-okon használtakkal, s előtte csak egy közelharc-nyílás látható, nem pedig az 1942 decemberétől alkalmazott menekülőnyílás. A meghajtókerék agyán még az 1943 áprilisáig használatban lévő domború takarólemez van, a sárvédő már a második típusú változat, amelyben még megtalálható a törés, de már külön elemekből áll.

Another of s. Pz. Abt. 503's original receipts, Tiger '123' displays some very early build features. The turret bin was intended for a Panzer III. In front of the bin is a pistol port which from December 1942 was replaced by an escape hatch. The drive sprocket has a domed hub, a type fitted until April 1943. The track guards are the second type, still 'kinked' but each made from a single piece of sheet metal.

21

A „322"-es Tiger szintén az 503. nehézpáncélos-osztály járműve, bár korábban az 502/2. páncélosszázadhoz tartozott. A sárvédők rögzítésében még látható a törés, akárcsak a magasan elhelyezett vontatólyukak. A század páncélosaira jellemző módon itt is tárolóelemek rögzítői láthatóak a páncéltest oldalán. A ködgránátvetők védőborítását szinte kizárólag az 502/2. páncélosszázad járművein lehet felfedezni.

Tiger '322' also belonged to s. Pz. Abt. 503, though previously had been a member of 2./s. Pz. Abt. 502. It too had 'kinked' track guards as well as tow shackles positioned high up the hull side extensions. The addition of stowage brackets on the sponson side was typical of the company. The use of covers on the smoke dispensers is associated almost exclusively with former members of 2./s. Pz. Abt. 502.

Három Tiger vonul oszlopban: az élen a „200"-as, mögötte a „213"-as és a „242"-es. A számok stílusa alapján az 503. nehézpáncélos-osztály harcjárműveit azonosíthatjuk 1943 nyarán, amikor az alakulat a kurszki kiszögelés déli szárnyán harcolt. A „242"-es a másik kettőhöz képest egy korábbi változat. A szögben elfordított indítócsatlakozója alapján a kipufogók védőlemezének alkalmazását megelőzően, 1943. január előtt készült. A farlemez bal felső szélén látható tárolódobozt tábori körülmények között építették a harckocsira.

Three Tigers in column: '200' leading '213' and '242'. The number style identifies vehicles of s. Pz. Abt. 503 in summer 1943, when the battalion fought on the southern flank of the Kursk salient. '242' was an older model than the others. Its angled engine starter adaptor indicating a tank built prior to the introduction of exhaust shields in January 1943. The box at top left of the rear plate was a one-off field modification.

Gyűrött kipufogóvédő lemezeivel és elgörbült antennájával ez a korai gyártású Tiger I felettébb megviseltnek tűnik. A „221"-es harcászati azonosító szám alapján ez a páncélos is az 503. nehézpáncélos-osztály harcjárműve volt. Sárvédőjét már egyenesen, törés nélkül rögzítették a páncéltestre. A hasábkereszt friss felfestésűnek látszik, ami arra utal, hogy a kép 1943 júniusában vagy júliusában készült, amikor az osztály Bjelgorod térségében harcolt. A foltos terepfestés nem volt igazán jellemző az alakulatra.

Dented exhaust shields and a bent aerial give this early production Tiger a weary look. Again, the number style identifies '221' as a member of s. Pz. Abt. 503. Its track guards are the third type, one-pieced and running in a straight line. The Balkenkreuz looks newly applied, suggesting a date of June or July 1943, when the battalion was in the Belgorod region. The blotchy camouflage scheme is atypical of the battalion.

Menetek végrehajtása során kötelező eljárás volt, hogy az első 5 km, majd minden 10-15 km megtétele után rövid megállások során rutinellenőrzéseket hajtottak végre. Az irányzó-műszer nyílása fölé egy ferdén felhegesztett esővetőt rögzítettek (1943 nyarának végén ezt csak az 503. nehézpáncélos-osztály járművein lehetett látni). Kevésbé volt bevett szokás a vezető és a rádiós előtti homlokpáncélra rögzített pótlánctag-tartó, ami ebben az esetben segít a „100"-as harcászati azonosító számú Tiger I beazonosításában.

During road marches, standard procedure was for Tigers to stop after 5km, then every 10-15km for routine maintenance. A small angled plate, to deflect rain water, is welded above the gunner's scope. In the summer of 1943, this field modification was seen only in s. Pz. Abt. 503. The carriage of spare track links on the driver's plate was a less common practice and helps identify the lead Tiger as '100'.

25

A toronyra festett hasábkereszt alapján ez a Tiger, amely a törzsszázad parancsnokának, Holger Wiegand százados zászlója mellett parkol, az 503. nehézpáncélos-osztály kötelékébe tartozott. A kép 1943 nyarán készült. A lövegpajzsba épített párhuzamosított géppuska hiánya arra utal, hogy ez egy parancsnoki Tiger; Wiegand saját páncélosának harcászati azonosító száma „II" volt. A vonószemeket már a későbbi, alacsonyabb helyzetben helyezték el. Az osztály páncélosaira jellemző módon a pótlánctagokat két lemez tartja a helyén.

A Balkenkreuz on the turret confirms a member of s. Pz. Abt. 503 parked by the personal pennant of Hauptmann Holger Wiegand, chief of the Stabskompanie, in summer 1943. The plugged co-axial opening marks this as a Befehlstiger; Wiegand's mount was numbered 'II'. The tow shackles are in the new low position. Track link stowage on the bow secured by two bars was typical for the battalion.

A „III"-as harcászati azonosító szám és a csillagantenna alapján egy újabb parancsnoki pán-célos a törzsszázadból. A toronyra festett hasábkereszt és a ferdén rögzített esővető ebben az esetben is az 503. nehézpáncélos-osztályra utal. Az osztály eredetileg, a keleti fronton történt alkalmazásának kezdetén, csupán két parancsnoki Tigerrel rendelkezett („I" és „II"), a harmadikat 1943 tavaszán kapták meg, amikor az alakulat páncélosainak számát negyvenötre emelték. Figyeljük meg a torony hátsó dobozára szerkesztett, dróthálóból készített tárolót!

The tactical number 'III' and star aerial identify another headquarters vehicle; again the Balkenkreuz on the turret, plus an angled rain visor over the gunner's sight mean it belonged to s. Pz. Abt. 503. Originally deployed to the east with two Befehlstigers ('I' and 'II'), expansion to a complement of 45 Tigers in spring 1943 brought this third Befehlstiger. Note the wire cage, for additional stowage, added to the turret bin.

Sérülései alapján ez a Tiger az 503. nehézpáncélos-osztály „241"-es páncélosa 1943 nyarán. Ebben az időszakban az 503/2. páncélosszázad a bevett szokásoktól eltérően nem három, egyenként négy Tigerből álló szakaszból, hanem négy, egyenként három nehézpáncélosból álló szakaszból állt. A vezető kitekintőnyílása feletti hegesztési pontok a periszkóp rendszerű kitekintőnyílásokat zárták le.

The damage identifies this as '241' from s. Pz. Abt. 503, again in summer 1943. At that time 2./s. Pz. Abt. 503 was unusual, being organised into four platoons of three Tigers each rather than the standard structure of three platoons with four Tigers. Circular spots above the driver's visor are welded-up openings for a binocular scope. On the glacis is a crowbar instead of the usual spade.

Ebédidő: e korai gyártású Tiger I rádiósa az emelő fa-alátétjén terített meg magának. A vezető és rádiós előtti homlokpáncélra a pótlánctagot csak lazán, dróttal erősítették fel. A legfelső lánctag és a homlokgéppuska gömb-pajzsa között egy kis űrméretű fegyver találatának nyoma látható. A második Tiger számozása alapján ezek a páncélosok is az 503. nehézpáncélos-osztály harcjárművei.

Mealtime for the radio operator of this early production Tiger: his cutlery set is laid on the wooden jack block. Spare track links loosely secured by a piece of wire are carried on the driver's plate. Between the top link and Kugelblende (MG ball mount) is the impact made by a small calibre round. The second Tiger's turret number style and position suggest that these were members of 2./s. Pz. Abt. 503.

A „211"-es Tiger I-ről 1943 nyarán készült képen szintén az 503/2. páncélosszázad harckocsija látható. A vezető periszkóp rendszerű K.F.F. 2 típusú kitekintő műszerét, és annak két nyílását a homlokpáncélon 1943 februárjától már nem alkalmazták. Így ez a páncélos később készült, mint a korábban látott „241"-es harcászati azonosító számú harcjármű. Figyeljük meg a lánctagok sima felületét, amelyeken még nem láthatóak az 1943 októberétől használatba kerülő kapaszkodókörmök! Jól kivehető az öntési szám a lövegpajzs felső élén.

Tiger '211' is another member of 2./s. Pz. Abt. 503 seen in summer 1943. Binocular openings for the driver's K.F.F.2 scope were dropped in February 1943, making this a later build than '241' seen previously. Note the smooth surfaces of the track links, which lack the chevrons introduced in October 1943. Not usually seen from this angle is the casting number atop the mantlet.

A személyzet egy alvásra szolgáló gödröt ásott ki Tiger I-e mögött, amelyre a nyugodalmas alvás érdekében éjszaka a páncélos rátolathat. A fénykép a torony tárolódobozára festett hasábkereszt és a farlemezre rögzített üzemanyagkanna-tartó alapján legkorábban 1943 nyarán készült az 503. nehézpáncélos-osztály „312"-es harcászati azonosító számú Tiger I-éről. A legkorábbi változatú kipufogóról még hiányoznak az 1943 januárjától alkalmazott terelő lemezek.

A sleep hole has been prepared behind this Tiger. To provide safe quarters at night, the tank would be reversed over the hole. The Balkenkreuz on the turret bin and can stowage on the rear plate identify this as '312' of s. Pz. Abt. 503 and the date as no earlier than summer 1943. The original pattern exhausts lack the deflector plates introduced in January 1943.

Korai gyártású Tiger I az 502/2. páncélosszázadra jellemző tárolódobozzal. A korábbi, „224"-es harcászati azonosító számot 1943 februárjában festették át a teljesen fehér „324"-re, amikor a századot betagolták az 503. nehézpáncélos-osztályba, annak 3. századaként. A szám belsejét a későbbiekben sötétebbre festették. A sárvédőlemez harmadik elemébe egy fellépő nyílást vágtak, hogy könnyebb legyen feljutni a páncélosra.

Early production Tiger with a shaped turret bin unique to original members of 2./s. Pz. Abt. 502. The all-white number '324' replaced the previous number '224', dating the scene to no earlier than February 1943 when the company was consolidated as 3./s. Pz. Abt. 503. The number would later receive a dark infill. A foot hole has been punched into the third track guard to assist mounting/dismounting.

32

Az 503. nehézpáncélos-osztály öt korai gyártású Tiger I-esén figyelhetjük meg az egyazon alakulat járművei között előforduló különbségeket. Jobbról balra haladva: „321", „124", „13", „I" és valószínűleg „123". A „321"-es páncéltestének oldalán a különböző felszerelési tárgyak rögzítésére alkalmas tartók, tornyán pedig az 502/2. páncélosszázadra jellemző tárolódoboz látható. A „124"-es páncéloson egy Panzer III-ról származó hátsó tárolódoboz van, az „I"-es pedig egy parancsnoki változat, amelynek a tornyára festették fel a hasábkeresztet.

Five early production Tiger I's from s. Pz. Abt. 503 demonstrate the wide variation seen in the battalion's vehicles. From right to left they are '321', '124', '133', 'I' and probably '123'. Tiger '321' has stowage brackets mounted on the sponson side and the shaped turret bin of former members of 2./s. Pz. Abt. 502. '124' has a turret bin from a Panzer III, and 'I' is a Befehlstiger with a Balkenkreuz on its turret side.

Keskeny szállító lánctalpakkal felszerelt gyári új Tiger I Fallingbostelben, 1943 februárjában. A kisméretű piros „101" harcászati azonosító szám és a századra utaló 1-es számmal kiegészített fehér, romboid alakú jelzés alapján a páncélos az 504/1. páncélosszázadba tartozott. A századot 1943 januárjában állították fel, első páncélosait februárban kapta meg, és még a hónap vége előtt Olaszországon keresztül Tunéziába szállították. Az alakulat Észak-Afrikában összes Tigerét elveszítette.

A brand new Tiger seen at Fallingbostel in February 1943, with narrow 'transport' tracks fitted. The small red number '101' and white rhomboid with company number '1' on the sponson identify a member of 1./s. Pz. Abt. 504. The company was formed in January 1943, received its first Tigers in early February and left for Tunisia, via Italy, before the end of the month. All its Tigers were lost in North Africa.

Egyike a Szicília közepén 1943 augusztusában, az Etna lábánál fekvő Fleri közelében elveszített két Tiger I-nek. A páncélos a pótlánctagok tartójának hiánya alapján az 504/2. páncélosszázad elsőként átvett kilenc harcjárműve közé tartozott, amelyeket eredetileg Tunéziába szántak, ám Szicíliában fejezték be pályafutásukat. A harcászati azonosító szám utolsó jegye 2-nek tűnik, ami szerint ez a „212"-es harckocsi volt. Figyeljük meg, hogy a torony bal oldalán látható tartóról hiányzik a ködgránátvető!

One of two Tigers lost at Fleri near the foot of Mt. Etna in central Sicily, during August 1943. The absence of track hangers makes this one of 2./s. Pz. Abt. 504's original complement of nine Tigers, intended for Tunisia but stranded in Sicily. The last digit of the turret number appears to be a '2', which would make this '212'. On the turret, the left hand smoke discharger mount is empty.

Az 504/2. páncélosszázad Szicíliában elsők között elveszített páncélosainak egyike, amelyet 1943 júliusának elején Ponte Dirillonál zsákmányoltak az amerikai csapatok. A pótlánctag-tartókat 1943 áprilisától kezdték alkalmazni; eleinte öt darabot hegesztettek a torony jobb oldalára, de számukat hamarosan háromra, majd kettőre csökkentették. A képen mindhárom megoldás látható, ami alapján ez a páncélos a század valamivel később, 1943 májusában vagy júniusában kapott 8 páncélosához tartozott. Ezen a Tigeren nem látszik harcászati azonosító szám.

One of 2./s. Pz. Abt. 504's earliest losses in Sicily, captured by U.S. troops at Ponte Dirillo in early July 1943. Track hangers had been introduced in April 1943; originally 5 links were planned for the right turret side, quickly revised to 3 and then 2. All the phases are represented here, making this one of the company's 8 later deliveries, received in May or June 1943. None appears to have been numbered.

Ez a Gela-Trapani közötti út mentén kilőtt Tiger I-ről készült kép az egyetlen olyan ismert fotó, amelyen együtt látható a fehér rombusz a farpáncélon és a 215. páncélososztály kisméretű fehér csillaga a sárvédőn. Utóbbit általában a Feifel szűrőre festették. Az 504/2. páncélosszázad 1943 júniusának végéig az említett páncélososztálynak volt alárendelve. A Tigert később felrobbantották.

Knocked out on the Gela-Trapani road, this Tiger is the only known example with markings of a striped white rhomboid on the left rear plate and, on the mudflap alongside, the small white star of Pz. Abt. 215, to which 2./s. Pz. Abt. 504 had been attached until late June 1943. If present, these markings were more usually placed on the Feifel filter. This Tiger was subsequently blown up.

Az 505. nehézpáncélos-osztály „211"-es harcászati azonosító számú Tiger I-ének széles, úgynevezett hadi lánctalpa és sárvédői túllógnak a vasúti űrszelvényen. Ez a Szovjetunióban használt szélesebb nyomtávval ellentétben a nyugat-európai szabvány nyomtávú vasútvonalakon komoly problémát jelentett. A képen a nem használt szállító lánctalpak a páncélos alatt láthatóak. A harcjármű az osztály egyik legkorábban átvett Tiger I-ese volt; erre utal a Feifel szűrők kör keresztmetszetű felső kamrája.

Wearing combat tracks and track guards, Tiger '211' of s. Pz. Abt. 505 overhangs its wagon – a major concern on the standard gauge railways of western Europe, less so on the wider gauge used in the Soviet Union. Unused narrow transport tracks lie beneath the tank. This was one of the battalion's earliest receipts, indicated by the original pattern Feifel cleaners each having two cylindrical upper chambers.

Egy ideiglenesen oda helyezett fém fellépő keretezi az 505. nehézpáncélos-osztály „roha-mozó bika" jelzését. Az osztályt 1943 májusában Belgiumból a keleti frontra szállították, ahol a „Zitadelle" hadművelet északi szárnyán került bevetésre. Éppen csak kivehető a vezető K.F.F. 2 kéttávcsöves figyelőműszerének nyílása (ilyen változat alig akadt az osztálynál), amely az alakulatjelzéssel és a lövegpajzs hegesztési varratával arra utal, hogy ez az „I"-es harcászati azonosító számú Befehlstiger.

A metal ladder frames s. Pz. Abt. 505's 'charging bull' emblem. Starting in May 1943, the battalion deployed from Belgium to the eastern front and was engaged on the northern flank during the Zitadelle offensive. Just visible is the opening for a driver's binocular K.F.F.2 scope, rare for the battalion, which together with the position of the emblem and cast lines on the mantlet suggest that this is Befehlstiger 'I'.

A látványos alakulatjelzés alapján a „113"-as szintén az 505. nehézpáncélos-osztály Tigere volt. A ködgránátvetők megléte, a pótlánctag-tartók és a páncéltestre rögzített *S-Mine* vetőcsövek hiánya, illetve a K.F.F. 2 kéttávcsöves kitekintő bedugaszolt nyílásai alapján ez a páncélos az alakulat legkorábban, 1943 februárjában vagy márciusában átvett harcjárműveinek egyike. Állapota alapján a kép 1943 májusában készülhetett, amikor a nehézpáncélos Orjol közelében épp csak beérkezett az arcvonalba.

The heavily applied emblem identifies '113' as another member of s. Pz. Abt. 505. Build features such as smoke dischargers but not track hangers, plugged openings for a K.F.F.2 binocular scope and the absence of S-mines make this one of the battalion's original complement, received in February or March 1943. Its condition suggests a recent arrival at the front, near Orel in May 1943.

Csak az 505. nehézpáncélos-osztály Tiger I-einek oldalára rögzítettek szögesdrótot 1943 nyarán, a „Zitadelle" hadművelet kezdetekor, hogy megakadályozzák a szovjet páncélromboló osztagokat abban, hogy felmásszanak a páncélosra. Bal oldalon egy csákány nyele látható. A Feifel szűrők már az egyszerűsített, egykamrás kivitelű változatok. Az osztály Tigereinek jellemzője a homlokpáncélzatra erősített pótlánctag volt.

Barbed wire hung from brackets on the sponson sides to deter Soviet tank hunting teams from mounting was a modification only seen in summer 1943, on members of s. Pz. Abt. 505 present at the start of operation Zitadelle. Rising from the rear of the left side is a pickaxe handle. The Feifels are the simplified, one chamber type. Spare track links carried on the bow are typical of the battalion.

Az 505. nehézpáncélos-osztály „100"-as Tigere 1943 őszén. Ebben az időszakban bevett szokás volt az osztálynál, hogy eltávolították a parancsnoki kupola búvónyílásának ütköző-bakját, hogy a fedelet teljesen vízszintesen le lehessen hajtani. A szögesdrótot már leszedték a páncéltest oldaláról, a rögzítőkre egy, az árkon való átkelést segítő farönköt helyeztek. A homlokpáncélra helyezett pótlánctagokat egyetlen rúd tartja a helyén.

Tiger '100' of s. Pz. Abt. 505 in autumn 1943. By this time, the battalion had typically removed the cupola lid catch on early production models, allowing the lid to pivot to the horizontal position seen here, a modification unique to the unit. The barbed wire had been removed and the brackets used to secure an un-ditching beam on each side. The spare track links on the bow are secured by a single bar.

Az 505. nehézpáncélos-osztály Tigerein az 1943 áprilisától alkalmazott pótlánctagok miatt a torony oldalának első felére festették fel a harcászati azonosító számokat. A „321"-en, mint általában az osztály Tigerein, nem volt hasábkereszt, de a páncéltesten jól látható a 3. páncélosszázad jellegzetes, világos árnyalatú, íves terepfestése. A két első S-Mine vetőcső hiányzik a járműről, a jobb hátsót pedig előre fordították.

On Tigers received following the introduction of track hangers in April 1943, s. Pz.Abt. 505 typically placed its tactical number forward on the turret side. In common with most of the battalion's Tigers, '321' has no Balkenkreuz, but does have 3./505's characteristic 'arch' of light camouflage on the sponson side. Both front S-mines are missing, and the one in the right rear corner has been switched to face forward.

Walter Model vezérezredes egy sérült Tigert vizsgál 1943 nyarán. A löveg ilyen állapotban használhatatlan volt. A „Zitadelle" hadművelet során Model alárendeltségébe a kurszki kiszögelés északi szárnyán tevékenykedő erők tartoztak, ahol az 505. nehézpáncélos-osztály volt az egyetlen Tiger-alakulat a csata kezdetén. A többi századtól eltérően a 3. páncélosszázad járműveire általában nem festették fel a „rohamozó bika" jelzést.

Generaloberst Walter Model inspects a damaged Tiger in the summer of 1943. In such a state the gun could not be used. During operation Zitadelle, Model had been responsible for German forces on the northern flank of the Kursk salient, where s. Pz. Abt. 505 was the sole Tiger component at the start of the battle. Unlike the other companies, 3./505 vehicles did not usually display the 'charging bull' emblem.

Akárcsak az 505/3. páncélosszázad számos harcjárművén, a korai változatok utolsó szériájából való „301"-es Tiger harcászati azonosító számának jegyei eltérnek egymástól. A torony oldaláról mind az öt alsó pótlánctag-tartó hiányzik és a lövegcsövet szinte teljesen átlőtték. Figyeljük meg a 3. páncélosszázad harckocsijainak jellegzetesen íves álcázófestését! A század a „Zitadelle" hadművelet kezdete után, késve érkezett be az arcvonalra.

'301' was a late-early production model with a variant number style as seen on several members of 3./s. Pz. Abt. 505 in summer 1943. All five lower track hanger brackets are missing, and the barrel has been almost completely severed. Note again, 3./505's 'arch' of light camouflage on the sponson side. The company arrived at the front too late for the opening phase of operation Zitadelle.

45

Az 505/3. páncélosszázad újabb kocsija, szintén a szokásostól eltérő, láthatólag szabad kézzel festett harcászati azonosító számmal. A vezető és rádiós előtti homlokpáncélon a század számát is tartalmazó rombusz mellett a „Spitzbube" („Csibész") és középen a "Tiger!" felirat olvasható. A torony tetőlemezén, a töltőkezelő búvónyílása előtt jól látható az 1943 márciusától alkalmazott figyelőműszert védő páncéllemez. A páncéloson nincsenek ködgránátvetők.

Another member of 3./s. Pz. Abt. 505 with a non-standard number style, the '313' here looks to have been painted freehand. Markings on the driver's plate include a rhomboid with small company number, the nickname 'Spitzbube' (meaning 'Rascal') and 'Tiger!' On the turret roof in front of the loader's lid is the armoured guard for a periscope, introduced in March 1943. No smoke dischargers are fitted.

46

Wilhelm Knauth, az 505. nehézpáncélos-osztály tartalékos főhadnagyának kitüntetési ün-
nepsége 1943 novemberében, amelynek során megkapta a Lovagkeresztet. A főhadnagy
Kurszknál a 3. páncélosszázad parancsnoka volt, s a jelentések szerint 68 harckocsit
semmisített meg. A „324"-es Tigeren a 3. század páncélosaira jellemző széles sávokból
álló, sötét álcázófestés látható, illetve egy farönk, amely arra szolgált, hogy az elakadt
páncélost a személyzete külső segítség nélkül is ki tudja szabadítani szorult helyzetéből.

Oberleutnant der Reserve Wilhelm Knauth of s. Pz. Abt. 505 receiving his Knight Cross,
awarded in November 1943. He had commanded 3./505 at Kursk and is usually credited
with 68 tanks destroyed. Tiger '324' behind has the broad swathes of dark camouflage
typical of 3./505, as well as a large log intended to help the crew free a bogged down tank
without outside help.

Ezeken a Tigereken az 505/3. páncélosszázadra jellemző sávos álcázófestés és a páncél-test oldalára erősített farönk látható. A vezető kitekintőnyílása mellett a páncélosszázadok harcászati jelzése, a fehér rombusz figyelhető meg, eltérően a többi század járműveitől, amelyekre 1943-ban a „rohamozó bika" jelzést festették. Az élen álló páncélos mögött a „324"-es, jobbra pedig a „313"-as áll. Szintén a 3. páncélosszázad Tigereire volt jellemző a homlokpáncélra erősített pótlánctag-tartó.

These Tigers have the heavy striped camouflage pattern and un-ditching beams on the sponson sides typical of 3./s. Pz. Abt. 505. White rhomboids are seen beside the driver's visors, rather than the 'charging bull' emblem used by the other companies in 1943. Behind the lead tank is '324' and to its right is '313'. Carriage of spare track links on the bow was also a common field adaptation in 3./505.

A „*Großdeutchland*" páncélosezred 1943 februárjában egy teljes osztály helyett csupán egy századnyi Tigert kapott. A vezető figyelőműszerének két nyílása alapján ez a páncélos az első kiutalások egyike során érkezett a századhoz. A sárvédő szélén látható kis akasztófül-nél lehetett rögzíteni a sárvédőt. Annak ellenére, hogy mindhárom változatnál alkalmazták, ritkán lehet észrevenni. A vezető és rádiós 100 mm-es homlokpáncélja 1943-ban általános harctávolságból még megfelelő védelmet nyújtott a személyzetnek.

In February 1943, Pz.Rgt. Grossdeutschland received a single company of Tigers rather than a battalion. The binocular openings for a driver's scope make this one of its original complement. The small staple on the leading edge of the mudflap is for a catch which secured the flap. Though fitted to all three production types, it is rarely noticed. In 1943 the 100mm thick driver's plate still offered the crew protection at normal combat ranges.

A „13"-as harcászati azonosító szám stílusa és elhelyezkedése alapján ez a Tiger, amelyet épp egy kompra irányítanak, a „Großdeutchland" páncélosezred 13. páncélosszázadához tartozott. Mivel a hátsó tárolódoboz jól láthatóan távolabb van a torony hátfalától, az még az 1943 januárjában rendszeresített doboznál korábbi, 1400 mm széles változat. A század páncélosairól 1943 tavaszán jellemzően leszerelték a ködgránátvetőket, azoknak csak a tartói maradtak a helyükön.

The style and position of the number '13' identify this Tiger being loaded onto a ferry as a member of 13./Pz.Rgt. Grossdeutschland. Mounted well clear of the turret wall, the bin is the 1400mm wide early pattern, fitted prior to the introduction of the standard bin in late January 1943. Typical of the company in spring 1943, the smoke dischargers had been removed, but the bracket retained.

A lövegpajzsba épített párhuzamosított géppuska hiánya alapján az „S01" a „Großdeutschland" páncélosezred 13. századának parancsnoki harcjárműve volt. A kiegészítő antennákat egy csőben tárolták, ami eredetileg a páncéltest hátulján helyezkedett el. Ezen a páncéloson ezt a csövet a páncéltest oldalára rögzítették, s mögé egy létrát is felerősítettek. A pótlánctagokat a homlokpáncélon szokatlan módon egy szögvas tartja a helyén. A Tigerek számának növekedésével, az átszervezés során a 13. századot átnevezték 9. századdá.

Having no co-axial MG makes 'S01' from 13./Pz.Rgt. Grossdeutschland a Befehlstiger. The additional aerials needed for this role were kept in a tube, normally on the rear plate. Here the tube has been relocated to the sponson side; behind it is a ladder. Unusually, spare track links on the bow are secured by a piece of angle iron. Reorganisation to accommodate the increase in Tiger numbers saw 13.Kp./Pz.Rgt. G.D renamed 9.Kp./Pz.Rgt. G.D.

1943 nyarának kezdetén a „*Großdeutschland*" Tiger-alakulatát teljes osztállyá szervezték. A páncélosokon új harcászati azonosító számokat alkalmaztak, amelyek első betűje az adott századra utalt. Az itt látható „B22" a „*Großdeutschland*" páncélosezred III. osztályának 10. századához tartozott. Az álcázó színeket kapkodva vihették fel, mivel a szám egy részét is lefújták, és jól látható, hogy a festés alatt a vonókábel is a helyén maradt.

In early summer 1943 Grossdeutschland's Tiger component was expanded to a full battalion. A new numbering system was introduced with a letter prefix representing the company. 'B22' here identifies a member of 10./III./Pz.Rgt. Grossdeutschland. The camouflage was hastily applied. Part of the turret number has been over-sprayed, and bare patches reveal where cables have been moved.

52

Az előző képen is látható Tiger másik oldala. A lőszer-utánpótlás bemálházásáért a töltőke-zelő felelt. A lőszereket a tetőpáncélzaton lévő búvónyíláson keresztül rakodták be, nem az oldalsó menekülőnyíláson. A tárolókban 92 darab gránát fért el, de gyakorlott személyzetek sokszor többet is bemálháztak. A trapéz alakú talppal ellátott 15 t-s emelő 1944 januárjáig volt szabványfelszerelés a Tigereken.

Opposite side view of the same Tiger. The loader was responsible for coordinating the replenishment of ammunition. Rounds are being loaded through the roof hatch rather than the escape hatch in the side wall. Racking could accommodate 92 rounds, but experienced crews sometimes carried more. The 15t jack with its trapezoidal base was standard equipment on the Tiger until January 1944.

A páncélosok személyzete sokszor semmibe vette azt a parancsot, miszerint a váltómű meg-óvása érdekében tilos egy sérült páncélost egy másik páncélossal vontatni. A képen a „C22" a „C23"-t vontatja. A „C" a *Großdeutschland* páncélosezred III. osztályának 11. századára utal. A század eredetileg az 504. páncélososztály 3. százada volt, amelyet Tunéziába szán-dékoztak küldeni, mielőtt átirányították volna. A III. páncélososztály 9. páncélosszázadától eltérően a 10. és 11. páncélosszázadok nem vettek részt a kurszki harcokban.

The prohibition against one Tiger recovering another, to avoid damage to the drive train, was commonly ignored. Here 'C21' tows 'C23'. The 'C' identifies members of 11./III./Pz.Rgt. Grossdeutschland. The company had originally been designated 3./s. Pz. Abt. 504, bound for service in Tunisia, before being switched. Unlike 9./III./Pz.Rgt. Grossdeutchland, 10.Kp and 11.Kp did not see action at Kursk.

54

A „*Großdeutschland*" azon négy Tigere közül az első, amelyet egyetlen légitámadás során veszítettek el 1943. augusztus 14-én Nyizsnya Szirovatkánál. A páncéloson a keskeny szállító lánctalp van, és a köténylemezeket is leszerelték, hogy ne lógjanak túl az űrszerelvényen. A szállítás alatt a Tiger alatt tárolt szélesebb hadi lánctalpat csak a célállomásra való beérkezést követően szerelték fel. A tornyot ellátták a pótlánctag-tartókkal, de már nincsenek rajta a ködgránátvetők, így legkorábban 1943 júniusában készülhetett.

One of four Grossdeutschland Tigers lost in a single incident at 'Nisch.Ssirowatka' (Nyzhnya Syrovatka) on 14 Aug 1943. It wears narrow transport tracks. The track guards have been removed to keep it from overhanging the rail wagon. The wider combat tracks are carried beneath the hull, for fitting on arrival. The turret has track hangers but not smoke dispensers, suggesting a build date no earlier than June 1943.

A második Tiger a nyizsnya szirovatkai szovjet bombázást követően kiégett négy páncélos közül. A belső robbanás kivetette a helyéről a légbeömlőt, amely most a páncéltest közepéből kandikál ki, és leszakította a töltőkezelő búvónyílásának fedelét. A tornyon már láthatóak a pótlánctag-tartók, amiket 1943 áprilisának közepétől kezdtek alkalmazni. Érdekes módon azonban a töltőkezelőnek még nincs figyelőműszere, amivel pedig már hetekkel korábban felszerelték a Tigereket.

The second of the four Tigers burnt out following a Soviet bombing raid at 'Nisch.Ssirowatka'. An internal explosion has displaced the intake duct which is seen rising from the centre of the hull, and removed the loader's lid from the turret roof. The turret has track hangers, which were introduced in mid-April 1943, on its sides but lacks the loader's periscope in the roof supposedly introduced a few weeks earlier.

A *„Großdeutschland"* vasúti szállítás közben elveszített harmadik és negyedik Tigere Ukrajnában. A közelebbi páncélos harcászati azonosító száma „C14", amely újfent arra utal, hogy a jármű a páncélosezred III. osztályának 11. századába tartozott. A páncéltest tetőlemezének sarka (a vezető oldalán) a belső robbanás miatt felszakadt. A vízálló védőborítás rögzítésére szolgáló kampós csavarokat 1943 júniusától alkalmazták a homlokgéppuska gömb-pajzsának két oldalán. Figyeljük meg a robbanás okozta sérüléseket a lövegpajzson!

The third and fourth Grossdeutschland Tigers lost in transit to the front in Ukraine. Closest to camera is 'C14', the letter 'C' again confirming membership of 11./III./Pz.Rgt. Grossdeutchland. The near corner of its hull roof has 'popped' as the result of an internal explosion. Toggle bolts each side of the Kugelblende, to secure a waterproof cap, were fitted until June 1943. Note the scarring to the mantlet.

A 11. páncélosszázad Nyizsnya Szirovatkánál 1943. augusztus 14-én elveszített négy Tigere közül az utolsó. A páncélosnak hiányzik mindkét első sárvédője. A gömb-pajzs kampós csavarjai nélkül gyártott páncéltestekre utólag rögzítették fel a csavarokat. Az osztály a légitámadás során karbantartó felszerelésének jelentős részét is elveszítette, ami a későbbiekben súlyos következményekkel járt az épségben maradt Tigerek harcképességének megőrzésekor.

The last of the four 11.Kp Tigers lost on the same rail transport at 'Nisch.Ssirowatka' on 14 Aug 1943. Both front mudflaps are missing. Hulls built without the toggle bolts, as here, continued to be fitted with the Kugelblende grooved to accommodate the cap. The battalion also lost much of its maintenance equipment in the incident, severely hampering its ability to keep the surviving Tigers combat worthy.

Bundesarchiv Bild 101III-Wiesebach-152-12A

58

Kling SS-Hauptsturmführer a „*LSSAH*" 1/4. SS-páncélosszázadának „405"-ös Tigerére felkapaszkodva csatlakozik a páncéloscsapatok főszemlélőjéhez, Heinz Guderian vezérezredeshez, egy 1943 áprilisában végrehajtott szemle során. A parancsnoki kupolában Michael Wittman, a később híressé vált Tiger-parancsnok áll. A páncélos bal oldalán látható antenna a páncélos parancsnoki kivitelezésére utal. A páncéltest oldalán függő cső a Feifel szűrő egyik (leszerelt) légvezetéke.

SS-Hauptsturmfuhrer Kling climbs aboard '405' of 4./*SS-Pz. Rgt.* 1 LSSAH to join Generaloberst Heinz Guderian during an April 1943 visit by the Inspector General of Armoured Forces. In the cupola is Michael Wittmann, later to become a renowned Tiger commander. An aerial mounted on the left side of the hull roof identifies this as a Befehlstiger. On the sponson side is a pipe from the Feifel filters.

A téli álcázószínen kihagyott, szabályos négyzetbe írt harcászati azonosító számok, akár csak a nyitott végű számok, az 1/4. SS-páncélosszázad Tigereire voltak jellemzőek. A toronyra szerelt korai kivitelezésű tárolódoboz arra utal, hogy ez a páncélos egyike volt az alakulatnak 1943 januárjában átadott első tíz harckocsinak. Az új változatú menekülőnyílás miatt ezt a dobozt már a középvonaltól eltolva szerelték fel. A század 1943 februárjában érkezett a frontra, ahol márciusban részt vett Harkov visszafoglalásában.

The neat rectangle of base paint left free of whitewash around the markings was typical of 4./SS-Pz.Rgt. 1 LSSAH, as was the use of open-ended turret numbers. The early pattern turret bin identifies one of its first ten Tigers, received by January 1943. To accommodate the new escape hatch, the bin was fitted off-centre. Arriving at the front in February, the company took part in the recovery of Charkow in March 1943.

 Az 1943. júliusi „*Zitadelle*" hadműveletet megelőzően az 1. SS-páncélosezred Tiger-kötelékét átszámozták 13. századra. Így a páncélosok harcászati azonosító száma egy nagyobb méretű 13-sal kezdődő, összesen négyjegyű számból állt. A szakaszt és a kocsi szakaszon belül elfoglalt helyét jelző számok kisebbek voltak (jelen esetben „1324"). A számoknak a korábbiakhoz hasonlóan nyitott maradt a vége. A vezető kéttávcsöves kitekintője alapján ez a páncélos szintén az ezred által kapott legelső Tiger-szállítmányból származott.

Prior to operation Zitadelle in July 1943, SS-Pz.Rgt. 1's Tiger component was re-designated as 13.Kp./SS-Pz.Rgt.1, so a 4-digit turret number was introduced, comprising a large '13' followed by smaller digits for the platoon and vehicle numbers, in this case '1324'. The open-ended number style was retained. A driver's binocular scope identifies that it too was one of the Regiment's original complement.

Az 1943 elején lefényképezett, fehérre meszelt „841"-es a 2. „*Das Reich*" SS-páncélgránátos-hadosztály páncélosezredének 8. századába tartozott. A század 1942 decemberében vette át első Tigereit. A nagyméretű tárolódoboz alapján a harckocsit 1943. január vége előtt adták át. A nehézpáncélostól balra a „*Großdeutschland*" páncélgránátos-hadosztály jellegzetes „rohamsisakos" jelzését viselő gépkocsi áll. Harkov visszafoglalása idején a két hadosztály vállvetve harcolt Erich von Manstein tábornagy parancsnoksága alatt.

Whitewashed '841' was a member of 8./SS-Pz.Rgt. 2 Das Reich, seen in early 1943. The company received its first Tigers in December 1942; the large turret bin here confirms an issue date before late January 1943. To the Tiger's left is a field car with Grossdeutschland's distinctive helmet insignia. The two units fought together under Field Marshal Erich von Manstein during the recapture of Charkow.

62

A „készenléti tartalék erők" szemlézése alkalmával, 1943 márciusában, Harkovban egy szék állt a főtisztek rendelkezésére, hogy felmászhassanak a „Das Reich" 2/8. SS-páncélosszázadának egyik Tigerére. A nemrégiben új álcázófestést kapott Tigeren még nincs harcászati azonosító szám. Ez a páncélos a „812"-ként ismert „Tiki", amelyet később átszámoztak „833"-ra, majd 1943 nyarán „S34"-re.

A chair is on hand for senior officers to mount one of 8./SS-Pz.Rgt. 2 Das Reich's original complement during an inspection of the 'ready-reaction force' in Charkow, April 1943. Recently re-camouflaged, the Tiger lacked a turret number. This is 'Tiki', well known as '812' but subsequently renumbered '833'. By the summer of 1943, this Tiger became 'S34' when the company's prefix was changed from '8' to 'S'.

A „Zitadelle" hadműveletet megelőzően a „Das Reich" Tigereinek homlokpáncélzatára felfestették a két függőleges csíkból álló azonosító jelzést, illetve a torony oldalára a „gnómot". A harcászati azonosító számok rendszerét megváltoztatták: a kétjegyű számok elé egy „S" betűt (schwere) festettek. Az élen látható Tiger valószínűleg az „S12". A töltőkezelő figyelőműszere alapján a páncélos az 1943 májusában átvett hat harckocsi egyike. A hátul álló Tiger festése alapján az „S13", a sorban a második pedig valószínűleg az „S14".

Prior to operation Zitadelle, Das Reich's Tigers adopted the two-barred insignia on the driver's plate and 'imp' emblem on the turret side seen here. The numbering system was revised to incorporate an 'S' prefix. The lead Tiger is believed to be 'S12'. A loader's periscope in the turret roof makes it one of six receipts in May 1943. Camouflage on the rear Tiger identifies it as 'S13'. The second in line is probably 'S14'.

64

A harcászati azonosító szám alapján ez a Tiger a 3. „Totenkopf" SS-páncélgránátos-hadosztály 3/9. SS-páncélosszázadába tartozott. A szabványos tárolódoboz és a töltőkezelő figyelőműszere arra utal, hogy a harcjármű nem a „Totenkopf" 4. századának eredetileg átvett páncélosai közül való. A töltőkezelő búvónyílása mögött a füstelszívó látható. A hátsó gránátvetőt nem az eredeti helyére rögzítették, így az az előírt 45 fokos szög helyett más irányban áll.

The turret number identifies a member of 9./SS-Pz.Rgt. 3 Totenkopf. The standard turret bin and a loader's periscope in the turret roof reveal that this had not been one of Totenkopf's original complement. Behind the loader's hatch is the extractor fan. The rear S-mine launcher is fitted to the bracket storage mount so is at right angles to the hull side, rather than the intended 45 degrees.

1943-1944 telén a „*Totenkopf*" Tigereit úgy látták el téli álcázó festéssel, hogy a harcászati azonosító számokat is lefestették. Emiatt a század páncélosain egyedülálló módon egy toronyra akasztott táblára festették fel a számokat. A legközelebb álló „912"-es egy korai változat, amelyen még látható a vezető kéttávcsöves figyelőműszere. A mögötte álló „901"-es *Befehlstiger* és a jobbra látható, valószínűleg „921"-es Tiger az 1943 októberében utánpótlásként érkezett öt harcjármű közül való.

In winter 1943/44, 9./SS-Pz. Rgt. 3 Totenkopf whitewashed its Tigers, covering the turret numbers. Uniquely, they were replaced by numbers on boards hung from the turret. Closest to camera is '912', an early production type with binocular driver's episcope. Befehlstiger '901' behind is one of five mid-production replacements received in October 1943. At right is another of the replacements, probably '921'.

66

A korai gyártású Tigerek egyik utolsónak legyártott példánya, amelynek a lövegcsövét nem festették le. A krétával felírt „149"-es szám csak egy szállítási azonosító. Ez a Tiger egyike volt annak a nyolcnak, amelyekből 1943 júliusában rögtönözve állították fel az úgyneve-zett „Meyer" nehézpáncélos-századot, amit a szövetségesek szicíliai partraszállása miatt Olaszországba vezényeltek. A Tigerek közül négy darab 1943 szeptemberében, az olasz kormány kapitulációját követően részt vett az olasz csapatok lefegyverzésében.

One of the last early production Tigers with its gun barrel left in grey varnish rather than camouflaged. The chalked '149' was a transport number. This was one of eight Tigers of Tigergruppe Meyer, hurriedly formed in July 1943 and rushed to Italy in response to the Allied invasion of Sicily. In September 1943, four of the Tigers helped neutralise Italian troops in Bozen/Bolzano following the government's capitulation.

Három Tiger vasúti szállítása, amelyekről nem szerelték le a külső futógörgőket és a sár- védőket. A képen is láthatótól eltérően a Tigereket nem volt ajánlatos egymás után álló vagonokra állítani, mivel a kis területen összpontosuló tömegük megrongálhatta a síneket. A legközelebbi páncélos egy úgynevezett középverzió, amelynek felbakolták a lövegét. Előtte két korai változat látható. Az alakulat nem azonosítható, bár nem sok kötelék használta egyszerre mindkét változatot.

Three Tigers in transport with outer road wheels and combat tracks fitted. Having Tigers on adjoining cars was not recommended practice; rails could be damaged by their weight being concentrated over a small area. Nearest is a mid-production model with its barrel secured in a travel lock. In front are two early production types. The unit is unknown, but not all operated both types together.

A képen az 501. nehézpáncélos-osztály középváltozatú „211"-es Tigerét töltik fel lőszerrel 1943-1944 telén. A farpáncélra rögzített üzemanyagkanna-tartó nagyon jellemző volt az osztály páncélosaira. A gránátvetőket leszerelték a toronyról. Miután az 501. nehézpán-célos-osztály Tunéziában elveszítette összes, eredetileg kiutalt Tigerét, az alakulatot Padebornban újra felszerelték és 1943 decemberében Belorussziában vetették be, de 1944 nyarán azonban ismét újjá kellett szervezni.

Mid-production Tiger '211' of s. Pz. Abt. 501 being re-ammunitioned in the winter of 1943/44. Can stowage on the rear plate was a common field modification in the battalion. The S-mine launchers have been removed. s. Pz. Abt. 501 lost all its original Tigers in Tunisia, was reconstituted at Paderborn, then deployed to Byelorussia in December 1943. By summer 1944 a further reconstitution was needed.

Különböző alakulatok Tigereit ritkán lehet együtt látni. A háttérben álló páncélos egy közép változatú *Befehlstiger*. Jól látható az antenna tárolására szolgáló henger, amelyet a farpáncélra rögzítettek. A sötét színű, valószínűleg „503"-as harcászati azonosító számból csak az utolsó két jegy látszik: a kocsi az 501. nehézpáncélos-osztályhoz tartozott. A közelebbi Tigernek a lövegcsövére festették fel a számot, ami alapján az 505. nehézpáncélos-osztály harckocsija volt 1944-ben. Figyeljük meg a javítást a páncélzaton!

Tigers from different units were rarely seen together. In the distance is a mid-production *Befehlstiger*, with telltale antenna tube mounted on the rear plate. It has a dark-outlined number ending '03' and belonged to s. Pz. Abt. 501; the full number was probably '503'. The near Tiger has its number on the barrel sleeve, so was a member of s. Pz. Abt. 505 in 1944. Note the armour repair patch.

A „111"-es harcászati azonosító szám elhelyezése és mérete alapján ez a Tiger az 502. nehézpáncélos-osztály harcjárműve volt, amely 1944-ben fehér keretes számokat alkalmazott. A karbantartás rutinfeladatnak számított tábori körülmények közepette. A váltóművet kiszerelték, s az most egy 18 tonnás Sd.Kfz.9/1 vontatóra szerelt darun függ. Figyeljük meg, milyen sok futógörgőt kellett leszerelni ahhoz, hogy hozzá lehessen férni a középső lengőkarokhoz!

The size and position of the turret number '111' identify a member of s. Pz. Abt. 502, and the use of a white outline a date in 1944. Maintenance was routinely performed in the field. The final drive has been removed and hangs from a Drekran auf Fahrgestell des s.Zugkraftwagen 18t (Sd.Kfz.9/1). Note how many road wheels had to be removed to access the central swing arms.

Középváltozatú Tigerek bevetése egy faluban. A közelebb álló páncélos harcászati azonosító száma „318". A szám elhelyezkedése alapján ismét az 502. nehézpáncélos-osztály Tigere ismerhető fel 1944 nyarán. Ekkor az osztály az előírtnál több páncélossal rendelkezett, ez az oka a magasabb számértéknek. Az Oroszország északi részén gyakori puha talajú terepen bevett szokás volt, hogy a képen látható két Tigerhez hasonlóan a legelső külső futógörgőket leszerelték.

Mid-production Tigers deployed in a village. Closest to camera is '318'. Again the number style and position identify members of s. Pz. Abt. 502 in summer 1944. At this time the battalion had several Tigers above its establishment figure, hence the 'high' number here. Both Tigers are missing the front outer road wheel, a practice common in the soft ground of northern Russia.

A pótlánctag-tartók alá festett harcászati azonosító szám az 503. nehézpáncélos-osztály különlegessége volt. A „100"-as harcászati azonosító számú Tiger a középváltozatok egyik legelső példánya. Már új, öntött parancsnoki kupolával szerelték fel, de a lövegpajzson még nincs erősítés, és zimmerit bevonat sem látható rajta. Amint itt is, az első öntött kupolák ajtaja még előre nyílt, nem hátrafelé. A harmadik sárvédő elemet fordítva rögzítették és tárolóként alkalmazták. Figyeljük meg a győzelmi jelzéseket!

Placement of the turret number below track hangers was peculiar to s. Pz. Abt. 503. One of the first mid-production models, '100' has the new cast cupola, yet the mantlet is unreinforced. As here, the first few cast cupolas had a lid which swung forward rather than backward. No Zimmerit coat is apparent. The third track guard has been fitted upside-down and was used as a shelf. Note the kill rings.

A harcászati azonosító számok stílusa az 503. nehézpáncélos-osztályra utalnak. 1944 elején az osztály fontos szerepet játszott a cserkasszi katlanból kivezető út megnyitásában. A „314"-en is látható lövegrögzítőt 1943 novembere és 1944 februárja között alkalmazták. A gyártás során a lánctagok külső felén lévő kapaszkodó körmöket 1943 októberétől, a Feifel szűrőket pedig 1943 decemberétől hagyták el.

The number style identifies this column of Tigers as also from s. Pz. Abt. 503. In early 1944, the battalion played a major role in opening an escape route from the Tcherkassy pocket. Gun travel locks, as seen above the jack on Tiger '314', were fitted between November 1943 and February 1944. Chevrons on the outer face of the track links had been introduced in October 1943 and Feifel mounts dropped in the December.

A személyzet a 100 mm-es homlokpáncélzaton ejtett sérülést vizsgálja. A harcászati azonosító szám stílusa és elhelyezése alapján a „101"-es Tiger egyike annak a csupán öt darab középváltozatú Tigernek, amelyet az 505. nehézpáncélos-osztály kapott. A páncélosok 1943. szeptember 27-én érkeztek be az alakulathoz, és a legelsők közé tartoztak azon német harcjárművek között, amelyek zimmerit bevonatot kaptak.

Crewmen inspect impact damage, which failed to penetrate the 100mm frontal armour. The style and position of the turret number '101' identify this as one of only five mid-production Tigers received by s. Pz. Abt. 505. They arrived on 27 Sep 1943 and were amongst the first with the ridged Zimmerit anti-magnetic paste introduced on German AFV's that summer.

Az előző képen is látható Tiger a rákövetkező télen lencsevégre kapva. Ekkorra az 505. nehézpáncélos-osztály járművein a „rohamozó bika" jelzést már lecserélték a „rohamozó lovagra". Ennek eredményeként az azonosító szám átkerült a lövegcsőre. A füstszűrőt a torony tetőlemezének közepére helyezték. A „C" alakú vonószemek áthelyezése a homlok-páncélra azonban már egy a csapatok által végrehajtott, tábori módosítás volt. Figyeljük meg a löveg csőszájfékének nem előírásszerű borítását!

The same Tiger the following winter. By this time s. Pz. Abt. 505 had replaced its 'charging bull' emblem with a mounted knight on the turret side. Consequently, the tactical number was moved to the barrel sleeve. The extractor fan is now located in the centre of the turret roof. Brackets for C-shaped tow clevises on the driver's plate are a field modification. Note the unconventional muzzle cover.

Egy másik középváltozat az 505. nehézpáncélos-osztály állományából. Úgy tűnik, az említett öt példánynak egységesen teljesen fehér harcászati azonosító száma volt. Az áttervezett tornyon már kisebb közelharc-nyílás van, amelynek a páncélozott dugasza látható a képen. A vonószemet enyhén ferde szögben erősítették fel a farpáncélra. Miután a Tigereket 1943 októberétől már nem szerelték fel szerszámládával, a vonószemeket (a parancsnoki változatok kivételével) függőleges helyzetben rögzítették.

Another of the mid-production replacements received by s. Pz. Abt. 505. All five seem to have originally had an all-white number. The revised turret incorporated a smaller pistol port, the circular plug of which is seen here. On the rear plate, the tow clevis is stowed at a slight angle. Following deletion of the tool box in October 1943, the clevis was stowed vertically, except on Befehlstigers. Un-ditching beams continued to be carried.

A műszaki-mentő járművön látható, pajzsot tartó tigris jelzés alapján az „5"-ös Tiger az 506. nehézpáncélos-osztályba tartozott. Az osztály az előírtaktól eltérő számozási rendszert alkalmazott páncélosain, az „1"-„14" közötti számokat századonként más-más színnel festették fel. Az osztály eredetileg átvett Tigerei a *Befehlstiger*eken kívül mind középváltozatok voltak. A képen látható fehér harcászati azonosító szám az 506/1. páncélosszázadra utal.

The emblem of a Tiger holding a shield bearing a white cross, just visible on the recovery vehicle, confirms that Tiger '5' belonged to s. Pz. Abt. 506. The battalion adopted a non-standard numbering system, with the company identified by colour and individual tanks numbered '1' to '14'. All its original Tigers, bar the Befehlswagens, were mid-production types. The white number here identifies a member of 1./506.

A meghajtókerék fogazatának és a lánctalp vezetőszemeinek csillogása arra utal, hogy ez a Tiger az imént még mozgásban volt. A „3"-as harcászati azonosító szám árnyalata alig tér el a sötét terepmintázattól, így valószínűleg piros színű, ami alapján az 506/2. páncélosszázad harcjárművét látjuk a képen. A páncéltest tetejére rögzített lámpa-aljzat, a lánctalp szereléséhez szükséges szerszámok dobozának elhelyezése és a lánctalp mozgatásához szükséges kábel elrendezése arra utal, hogy a páncélost 1943 közepén gyártották.

Shiny sprocket guide teeth and corresponding track wear suggest a Tiger recently on the move. The turret number '3' is in low contrast to the dark camouflage, suggesting it was red and hence a member of 2./s. Pz. Abt. 506. The headlight mount on the hull roof, track toolbox and layout of the track cable identify a mid-1943 build date, making this one of the battalion's original complement.

79

Ennek a korai középváltozatú Tigernek szintén előre nyíló parancsnoki kupolája van. Az eltávolított ködgránátvetők tartója arra utal, hogy a tornyot még a korai kivitelnek megfelelően kezdték el építeni, de középváltozatként fejezték be. A sötét keretes sárga „7"-es alapján a páncélos az 506. nehézpáncélos-osztály állományába tartozott. Az osztály először 1943 szeptemberében vett részt a harcokban, és 1944 márciusára ismételten újjá kellett szervezni.

This early mid-production model is another with a forward-swinging cupola lid. Stubs from removed smoke launchers suggest the turret started being built in the early style but was finished as a mid. The number '7' in yellow with a dark outline identifies a member of 3./s. Pz. Abt. 506. Seeing its first combat in late September 1943, by March 1944 the battalion needed completely reconstituting.

Az 507. nehézpáncélos-osztály „B" jelzésű, középváltozatú *Befehlstiger*e. A parancsnoki változatoknak három antennája volt, de csak két rádiókészüléke. Így egyszerre csak két antennát szereltek fel. A képen a harmadik antenna épp csak kilóg a tároló hengerből. A vonószemet a tárolócső miatt eredeti helyzetétől távolabbra kellett rögzíteni. Tábori átalakításként rőzsekötegeket tartó rögzítőket és egy fellépőt erősítettek a páncélos oldalára, illetve egy kannatartót helyeztek a torony oldalára.

Mid-production Befehlstiger 'B' from s. Pz. Abt. 507. The headquarters versions had 3 aerial mounts but only 2 radios, so mounted only two aerials at any one time. Here a third aerial protrudes from its stowage tube on the rear plate. The tow clevis stowage had to be moved to accommodate the tube. Field modifications include fascine stowage, a step on the sponson side and a can on the turret wall.

A nagyobb, századot jelölő számot követő két kisebb szám alapján ez a Tiger az 507. nehézpáncélos-osztály állományába tartozott. A pótlánctag-tartókba rögzített lánctagok miatt a harcászati azonosító számokat azokra kellett felfesteni. Az osztály Tiger I-esei 1944 márciusában kerültek először bevetésre, és kizárólag a keleti fronton harcoltak. A parancsnoki kupolára illesztett esernyő a nehézpáncélosok rendszeresített felszerelése volt.

A large company number followed by smaller bottom-aligned digits identify another member of s. Pz. Abt. 507. The five links in track hangers have been supplemented with links on the forward turret side, necessitating the painting of the number on the links. First deployed in March 1944, the battalion's Tiger I's fought exclusively in the east. The cupola umbrella seen here was standard equipment on Tiger I's.

Az 508. nehézpáncélos-osztály középváltozatú Tigere Olaszországban, 1944 februárjában. Az 1. páncélosszázad néhány Tigerének és az osztály *Befehlstiger*einek kivételével egyjegyű, fehér keretszámokat alkalmaztak a páncélosokon („1", „2", „3"). Így az összes század ugyanolyan jelzéseket viselt. Az egyetlen első fényszórót 1943 októberétől a vezető és rádiós előtti homlokpáncél közepén helyezték el. A képen látható páncélosról hiányzik mindkét első vonószem.

Mid-production Tiger of s. Pz. Abt. 508, deployed to Italy in February 1944. Except for a few members of 1./508 at Anzio and the Befehlstigers, a single digit turret number ('1', '2' or '3') in white outline was used, all members of a company being similarly marked. The single headlamp mounted on the driver's plate was introduced in October 1943. Both front tow shackles are missing.

A „214"-es harcászati azonosító szám stílusa és a szám alatt alkalmazott sötét alap az 509. nehézpáncélos-osztály Tigereinek jellegzetessége volt 1943 őszén. A gránátvetőket 1943 októberének elejéig szerelték fel a középváltozatú Tigerekre. Itt a hátsó és középső vetők hiányoznak. A torony tetőlemezének közepén elhelyezett füstelszívót vízálló borítással látták el. Figyeljük meg a jármű szállítás közbeni elmozdulását megakadályozó éket!

The style of the number '214' and use of a dark ground were unique to s. Pz. Abt. 509 in autumn 1943. S-mines were fitted to mid-production Tigers until early October 1943; the central and rear ones are missing here. The exhaust fan in the centre of the turret roof is fitted with its waterproof cap. Note the chock to keep the vehicle from shifting during the journey.

A lánctalp felhelyezésére szolgáló kábel tartóinak elrendezése, a lámpa alapzatának a páncéltest tetejére való felhelyezése és a bedugaszolt közelharc-nyílás 1943 augusztusa és szeptembere közé teszi a „311"-es gyártási időpontját. Így tehát ez a páncélos szintén az 509. nehézpáncélos-osztály elsőnek átvett Tigereinek egyike. A téli álcázás segít a fénykép készítésének 1944. januári időpontjának megállapításában. A legelső pótlánctag-tartóba rögzített taghoz egy további lánctagot rögzítettek.

Build features such as the track cable layout, headlight mount on the hull roof and plugged pistol port give a build window for '311' of August to September 1943, so this too was one of s. Pz. Abt. 509's original complement. The whitewash coat helps confirm the captioned date of January 1944. An extra track link is present on the turret side, pinned to the link on the front hanger.

Az egyik legelső középváltozatú páncélos a 101. SS-nehézpáncélos-osztály által 1943 októbere és 1944 áprilisa között átvett 45 darab Tigere közül. A „332"-esen látható a páncéltest tetejére épített lámpa, illetve a Feifel szűrők tartói és alatta a szerszámos doboz a farpáncélon. A páncéloson nincsenek *S-Mine* vetőcsövek. A fénykép valószínűleg a Maisieres gyakorlótéren készült a belgiumi Mons közelében 1944 elején.

One of the earliest mid-production Tigers from the establishment of 45 tanks received by s.SS-Pz.Abt. 101 between October 1943 and April 1944. Build features of note on '322' include a headlight mounting on the hull roof and Feifel mounts on the rear plate, with a tool box tray beneath. No S-mines are fitted. The photo is probably from the Maisieres training area near Mons in Belgium during early 1944.

Az alakulatjelzésük alapján ezek a középváltozatú Tigerek (középre helyezett fényszóróval) szintén a 101. SS-nehézpáncélos-osztály 3. századának állományába tartoztak. A „334"-en még szállító lánctalp van, a hadi lánctalp a páncélteknő alatt vár a felszerelésre. A sárvédőket a szállítás idejére a személyzet a torony tetőlemezén helyezte el. Az osztály 1944 áprilisában Franciaországba vonult, a Pas-de-Calais körzetében várt szövetséges partraszállás miatt.

The unit emblem identifies that these mid-production Tigers, with headlights centrally mounted, also belonged to 3./s. SS-Pz. Abt. 101. Tiger '334' has transport tracks fitted and combat tracks slung beneath the hull, ready for loading. Track guards are placed on the turret roof. In early April 1944 the battalion moved to France in anticipation of Allied landings in the Pas-de-Calais region.

Mivel ezen a középváltozatú Tigeren már nincs Feifel szűrő és szerszámos doboz a far-páncélon, legkorábban 1943 decemberében készülhetett. A páncélosról hiányzik két külső futógörgő, míg az előtérben az egyik görgőről levált gumi látható. Egy másik, ugyanerről a páncélosról készült fényképen jól látható a 101. SS-nehézpáncélos-osztály 1. századának jelzése a homlokpáncélzaton, ami megerősíti, hogy ez a „132"-es harcászati azonosító számú harckocsi, amely 1944. június 15/16-án semmisült meg a normandiai Greland közelében.

This abandoned late mid-production Tiger I lacks Feifel mounts and a tool box tray on the rear plate, so was built no earlier than December 1943. Two outer road wheels are missing, and in the foreground lies the rubber tyre from one of them. Other photos reveal the insignia of 1./s SS-Pz. Abt. 101 on the driver's plate. This is understood to be '132', destroyed on 15/16 Jun 1944 on the D193 road near Greland in Normandy.

A kialakuló gumihiány miatt a Tigereken 1944 februárjától már úgynevezett belső gumírozású fém futógörgőket kezdtek alkalmazni. Az 503. nehézpáncélos-osztályt, miután kivonták a keleti frontról, hogy a várható franciaországi partraszállás ellen alkalmazzák, kései gyártású Tigerekkel és Tiger Ausf. B-kkel szerelték fel. Az alakulat július elején érkezett be Normandiába. A képen látható „213"-as Tiger helyett ugyanezt a harcászati azonosító számot később, a Szajnához való visszavonulás idején egy utánpótlásként kapott másik Tiger kapta meg.

Rubber shortages led to steel-rimmed road wheels being introduced in February 1944. Withdrawn from the east to meet the expected landings in France, s. Pz. Abt. 503 was re-equipped with a mix of late production types and Tiger Ausf.B's, reaching Normandy in early July. Tiger '213' seen here had been replaced by another with the same number by the time of the withdrawal to the river Seine.

Az 503. nehézpáncélos-osztály „234"-es Tigere az alakulatnál sokkal gyakrabban használt fehér keretes harcászati azonosító számot visel. A farpáncélon már az 1944 januárjától alkalmazott, négyszögletes talpazatú, 20 tonna teherbírású emelő látható. A löveget egy fából faragott támasz rögzíti, mivel a külső lövegrögzítőt 1944 februárjától már nem szerelték fel a motortér sarkába.

Tiger '234', another member of s. Pz. Abt. 503 to serve in Normandy, had the more usual white-outlined turret number. On the rear plate, the rectangular foot of the jack, strengthened with a double rib, is the 20t model introduced in January 1944. Above it, a shaped wooden block was used to support the barrel whilst in transit, the exterior gun travel lock having been dropped from production in the February.

A nagyobb méretű első jegyet követő két kisebb szám alapján a „133"-as Tiger az újjászervezett 504. nehézpáncélos-osztály állományába tartozott. Az osztály, miután Tunéziában és Szicíliában elveszítette összes nehézpáncélosát, 1944 elején 45 darab kései gyártású Tigert kapott. A lehajtott külső lövegrögzítő egy 1944 júniusában Olaszországba szállított Tigerre utal. Az emelő alatt a sárvédő egy része látható, belső felével kifelé fordítva. Az új kialakítású motorindító csatlakozón két kiemelkedő csavar volt.

A large first digit followed by smaller top-aligned digits identify Tiger '133' as from the reconstituted s. Pz. Abt. 504. After losing all its original Tigers in the Tunisia and Sicily campaigns, it received 45 late production models in early 1944. The folded gun travel lock identifies a Tiger deployed to Italy in June 1944. Propped beneath the jack is a track guard, underside out. The new engine starter adaptor has 2 prominent bolts.

A harcászati azonosító szám felemás jegyei ebben az esetben is az 504. nehézpáncélos-osztályra utalnak. A lövegcsőhöz különleges tábori átalakításként egy fémrudat hegesztet-tek, ami minden bizonnyal azt a célt szolgálta, hogy védje az antennát, amikor a páncélos tornyát elfordítják. Mivel a páncéltest oldallemeze a vonólyukaknál nem a „kivágott" változat, ez a Tiger az osztályhoz a feltöltést követően első alkalommal beérkezett, kései gyártású nehézharckocsik egyike.

The large/small number format again identifies a member of the reconstituted s. Pz. Abt. 504. Metal rod has been welded to the gun sleeve, a unique field modification believed to have acted as a deflector to protect aerials when the turret was rotated. The hull side extensions are not cut-out, so this was not a replacement but another of the battalion's original late production complement.

Az 504. nehézpáncélos-osztály kései gyártású „távirányító" (*Funklenk*) Tigerén már a „kivágott" peremű oldallemez látható, amit 1944 januárjától alkalmaztak. A páncélos a 314. (távirányítású) páncélosszázadhoz tartozott, amelyet 1944. március 10-én betagoltak az 504. nehézpáncélos-osztályba, annak 3. századaként. A páncélosnak két antennája volt: a hagyományos 2 méteres rúdantennát a páncéltest tetőlemezén, a motortér mellett helyezték el, a távirányítású robbantójárművek vezérléséhez használt antennát pedig a torony oldalára rögzítették.

This late production Funklenk Tiger, another member of s. Pz. Abt. 504, has the cut-out hull side extensions introduced in January 1944. It also has two aerials: the standard 2m one mounted on the hull-roof and the second, on the turret side, for guiding remote-controlled demolition carriers, a role adopted following the incorporation of Pz.Kp.314(Fkl) as 3./s. Pz. Abt. 504 on 10 Mar 1944.

Az 504. nehézpáncélos-osztály 3. századnának egy másik *Funklenk* Tigere. A „331"-esnek kivágott vontatólyukú oldallemeze van, a torony viszont korábbi kialakítású. A páncélosnak hiányzik a bal oldali első sárvédője. Egy másik „331"-est Massa Lombardánál lőttek ki a háború vége felé. Annak azonban megvolt a sárvédője, és a harcászati azonosító száma is másképp volt felfestve. Tehát ennek a harckocsinak a pótlása lehetett. Az osztály az újjászervezésekkel összesen 72 darab Tiger I-et kapott.

Another Funklenk Tiger from 3./s. Pz. Abt. 504. The '331' seen here has cut-out hull side extensions, so this turret is on a later hull than the original '331'. Its front left hand mudflap is missing. A Tiger '331' knocked out at Massa Lombarda near war's end had the flap present and its number differently positioned, so was probably a different tank again. In total 72 Tiger I's served with the reconstituted battalion.

94

Szövetséges gyalogság vonul el a Barbiano–Lugo úton egy PIAT-tal kilőtt „332"-es Tiger mellett a Senio folyó közelében, 1945. április 10-én. A tárolódoboz oldalán jól látható az 504. nehézpáncélos-osztály lándzsát ábrázoló jelzése. A vezető és rádiós előtti homlokpáncélra rögzített pótlánctagok alapján ezt a páncélost az alakulat – 14 másikkal együtt – az 508. nehézpáncélos-osztálytól vette át, amikor az utóbbit Németországba szállították újjászervezésre.

Allied infantry pass late production Tiger '332' knocked out by PIAT fire on the Barbiano-Lugo road near the river Senio on 10 Apr 1945. It displays s. Pz. Abt. 504's spear insignia on the side of the turret bin. Spare track link stowage on the driver's plate suggests that this was one of the 15 Tigers received from s. Pz. Abt. 508 in February 1945, when the latter returned to Germany to be reconstituted.

A daru alatt az 505. nehézpáncélos-osztály „200"-as Tigere áll a toronyra festett „rohamozó lovag" jelzéssel és az alakulatra jellemző, lövegcsőre festett harcászati azonosító számmal. Az osztály 1944 áprilisa és júniusa között 24 kései gyártású Tigert kapott, ám augusztusban átfegyverezték Tiger Ausf. B-re. Ennek alapján a kép valamikor 1944 tavaszán vagy nyarán készült. Az alakulat páncélosain továbbra is megtalálhatóak voltak a műszaki mentéshez használt farönkök, amint az a háttérben látható Tigeren is látható.

Beneath the Fries crane is '200' with s. Pz. Abt. 505's characteristic number on the barrel sleeve and mounted knight emblem on the turret. The battalion received 24 late production Tigers between April and June 1944, but by the August had been re-equipped with Tiger Ausf.B's, dating this scene to spring or summer 1944. Members of the battalion continued to carry un-ditching beams, as seen in the background.

Az „1"-es Tigeren kivehető az 506. nehézpáncélos-osztály jellegzetes alakulatjelzése. A bal oldali hátsó sárvédőt egy tábori körülmények között elkészített darabbal pótolták. Az osztályt eredetileg korai és középváltozatú Tigerekkel szerelték fel. Ez a kései példány valószínűleg egyike az alakulat 1944 márciusa és áprilisa között végrehajtott első újjászervezése során átadott harckocsiknak. Az osztályt 1944 nyarának végén Tiger Ausf. B-kkel szerelték fel.

Tiger '1' has s. Pz. Abt. 506's distinctive emblem on the turret bin. The left hand rear mudflap is an improvised replacement. Initially equipped in August 1943 with early and mid-production Tigers, this late production model is probably one of the replacements received during the battalion's first reconstitution in March-April 1944. The battalion was subsequently re-equipped with Tiger Ausf.B's in late Summer 1944.

A „W" jelzés fehér színe alapján ez a Tiger az 506/1. nehézpáncélos-század járműve. Épp kivehető a töltőkezelő búvónyílásának rögzítőfüle. Mivel ez nem középen van, ez egy kései, 40 mm-es tetőpáncélzattal épített torony. A motorindítót az új Maybach HL 230 motorhoz alakították. A 20 tonnás emelő megfelelő fellépőnek bizonyult a gránátosok számára, akik a páncéloson folytatták útjukat. Tekintve, hogy a Tigerek mágnesként vonzották az ellenség tüzét, igencsak veszélyes volt ilyen módon közlekedni.

The white arms of the 'W' emblem identify a member of 1./s. Pz. Abt. 506. Just visible is the locking lug on the loader's hatch; its being off-centre makes this a 40mm turret roof on a late production model. The revised engine starter adaptor is for the Maybach HL 230 engine. The 20t jack acted as a useful step to mount the hull as grenadiers hitched a ride. As magnets for enemy fire, Tigers were dangerous for tank riders.

Az 507. nehézpáncélos-osztály „323"-as kései gyártású Tigerén jól látható az osztály jellegzetesen eltérő számjegyű jelölési rendszere. Az alakulat páncélosain a kisebb méretű második és harmadik számjegy az első szám talpvonalához igazodott. Az ásó tartóinak hiánya alapján a páncélos legkorábban 1944 januárjában készült. A vezető és rádiós előtti homlokpáncélt tisztán átütötte egy páncéltörő lövedék és a belső robbanás láthatóan felgörbítette a páncéltest tetőlemezét. A lövegpajzsot és a lövegcsövet a fellobbanó tűz kormozta össze.

Late production Tiger '323' has the distinctive bottom-aligned large/small number style of s. Pz. Abt. 507. The absence of spade brackets on the glacis suggests a build date no earlier than January 1944. The driver's plate has been neatly drilled by an armour-piercing round and an internal explosion seems to have bent the hull roof upwards. Both barrel and mantlet appear blackened by the resulting fire.

A fehérrel csak kontúrjában felfestett „1"-es az 508. nehézpáncélos-osztály 1. századába tartozott. A számjegy alatt látható sötétebb folt arra utal, hogy eredetileg valószínűleg egy másik század járműve lehetett és átszámozták. A század középváltozatú Tigerekkel volt felszerelve; ez tehát egy utánpótlásként kapott példány. A toronykoszorú védőgyűrűje, a kivágott vontatólyukú oldallemez, a kéttávcsöves irányzóműszer és a töltőkezelő búvónyílásának helyzete alapján ez a Tiger 1944. április. 10-25. között készült.

The white-outlined number '1' identifies a member of 1./s. Pz. Abt. 508. Its being on a dark ground hints at renumbering, having previously been in another company. The company's original Tigers were mid-production types, so this was a replacement. A turret ring guard, cut-out hull side extensions, binocular gunner's scope and the central loader's lid handle suggest a delivery date in the period 10-25 Apr 1944.

Miután ez a Tiger valószínűleg Róma közelében került veszteséglistára, minden bizonnyal szintén az 508. nehézpáncélos-osztály állományába tartozott. A belső robbanás olyan erővel tépte fel a töltőkezelő búvónyílását, hogy az meggörbítette a figyelőműszert védő páncélt. A lövegpajzson látható világos folt a lepattogzódott zimmerit helye. A kéttávcsöves irányzóműszer és a toronykoszorú védőgyűrűje arra utal, hogy ez a páncélos is az osztály által 1944 áprilisában átvett 11 Tiger egyike.

Believed to have been lost near Rome this Tiger would also have belonged to s. Pz. Abt. 508. An internal explosion blew open the loader's lid with such force that it bent the offset handle around the vision device's armoured cover. The light patch on the mantlet is where Zimmerit has been lost. The binocular gunner's scope and turret ring guard suggest that this was another of the 11 replacements received in April 1944.

Az 508/3. nehézpáncélos-századnak a Giogoli – Galuzzo úton a Villa La Scaffiata mellett elveszített két Tigerének egyike 1944. augusztus elején. Ez a példány is egy utánpótlásként beérkezett kései változat, amely legkorábban 1944 áprilisában készült. Az új-zélandi 20. páncélosezred Shermanját egy lesállásból érte a megsemmisítő találat, a Tigert már visszavonulás közben, a nyílt terepen lőtték ki.

One of two Tigers from 3./s. Pz. Abt. 508 lost on the Giogoli-Galuzzo road outside the Villa La Sfacciata, in early August 1944. Another late production replacement, it too was received no earlier than April 1944. The Sherman, understood to be from the N.Z. 20th Armoured Regiment, was destroyed from an ambush position; the Tiger itself was caught in the open when trying to withdraw.

Az 509. nehézpáncélos-osztály 1943 telétől visszaállt a hagyományos számtípusok hasz-nálatára. Az élen haladó Tigeren a sötét árnyalatú „201" egy átszámozás eredménye. A páncélos eredetileg a „114"-es lehetett. A homlokgéppuska gömbpajzsa mellett látható függőleges árnyék egy sérülést takaró páncéllemeztől származik. A vontatólyukba egy rudat illesztettek, amelybe a homlokpáncélzat védelmét növelendő, pótlánctagokat helyeztek.

From winter 1943 onwards, s. Pz. Abt. 509's numbering reverted to a standard font. The lead Tiger's dark '201' replaced a previous number, possibly '114'. A vertical shadow alongside the Kugelblende reveals the end of a sheet of armour plate, presumably added to cover damage. The tow shackle bolts have been replaced by a rod, which also serves to hold spare track links on the bow.

Süddeutsche Zeitung

A torony tetőlemezén heverő villáskulcsot a löveget a bölcsőhöz rögzítő csavarok kilazítására és meghúzására használták. Ennek a kései gyártású Tigernek a tetőlemeze kiemelkedik a torony oldalának magasságából, tehát már az 1944 márciusától alkalmazott 40 mm-es páncélzatból készült. A torony oldalán a rendszeresítettnél több pótlánctag található, amellyel a páncélvédelmet igyekeztek növelni. Ez a megoldás csak az 507. és az 510. nehézpáncélos-osztályok harckocsijain fordult elő.

The spanner resting on the turret roof has been used to unscrew bolts securing the barrel sleeve to the mantlet. The turret roof of this late production Tiger stands proud of the side walls, so is the 40mm thick roof introduced in March 1944. Additional track links are carried on the turret side wall for greater protection, a field modification only associated with s. Pz. Abt. 510 and s. Pz. Abt. 507.

A torony oldalának hátsó felére festett "112"-es szám alapján ez a Tiger az 510. nehéz-páncélos-osztály állományába tartozott. A farpáncél jobb felső sarkában látható világos folt az alakulat jelvénye, egy fehér "Berlini Medve" fekete címerpajzson. Az osztály 1944 júniusában kapta meg első Tigereit, szinte kizárólag nagyon kései gyártású változatokat. Az alakulat felállításakor Németország már kiélezett helyzetben volt, ezért csak nagyon kevés fénykép maradt fenn az 510. nehézpáncélos-osztály harcjárműveiről.

The turret number's position on the rear quarter of the turret identifies '112' as a member of s. Pz. Abt. 510. The light area at top right of the rear plate is its insignia, a white Berlin bear on a black crest. Its first Tigers were received in June 1944; they were almost exclusively very late production models. Given Germany's situation by the time the battalion was formed, few photos of s. Pz. Abt. 510 vehicles survive.

A sárvédő sérülése és a homlokpáncélra erősített törött rúd azt támasztja alá, hogy ez a páncélos a 101. SS-nehézpáncélos-osztály „211"-es harcászati azonosító számú Tigere, amely karbantartás miatt nem vett részt a villers-bocage-i összecsapásban. Az osztály a D-nap másnapján kezdte meg menetét Picardyból Normandiába, s június 12-e körül érkezett be Caen körzetébe. Miután ez a páncélos veszteséglistára került, az 1. század egyik harckocsijának páncéltestét és alvázát felhasználva egy újabb „211"-est barkácsoltak.

Track guard damage and a broken track link retaining rod on the bow identify this as '211' of s.SS-Pz.Abt. 101. It had missed the action at Villers-Bocage, being in need of repair. Commencing on D-Day+1 the battalion road-marched from Picardy to Normandy, reaching the Caen area by 12 Jun 1944. Following the loss of this Tiger, a second '211' was created, using the hull of a 1.Kp vehicle.

106

Ezt a nagyon kései gyártású Tigert egycsöves irányzóműszerrel látták el, a töltőkezelő búvónyílásán pedig már nem középre helyezték a kapaszkodót. A parancsnoki kupola előtt látható az 1944 júniusától alkalmazott 2 tonnás daru rögzítőcsonkjainak egyike. A páncéltest oldalának első felén lepattogzódott zimmerit mintázata megegyezik a 102. SS-nehézpáncélos-osztály egyik jól ismert roncsán láthatóval, amelyet Rouen rakpartján hagytak hátra a németek, mivel nem tudták átszállítani a Szajnán.

This very late production Tiger has a monocular gunner's sight and offset loader's lid handle. In front of the cupola is one of three small sockets for a 2t jib boom, introduced only in June 1944. Patches of missing Zimmerit on the forward sponson side match a known wreck from s.SS-Pz.Abt. 502 abandoned on the quayside in Rouen, having been unable to withdraw across the river Seine.

A 103. SS-nehézpáncélos-osztály a másik két SS-nehézpáncélos-osztálytól eltérően csupán kiképzésre használt Tigereket, harcban nem alkalmazták azokat. A rendelkezésükre álló pán-célosok közül hat darabot 1944 júniusában átadtak a 3. „*Totenkopf*" SS-páncéloshadosztály 9. páncélosszázadának, a maradékot pedig a 301. (távirányítású) páncélosszázadnak. A 103. SS-nehézpáncélos-osztály néhány kezelője átkerült a 102. SS-nehézpáncélos-osztályhoz. Ez egy kései változat, amelyet kiképzés alatt Zwolle-ban fényképeztek le.

Unlike the other two SS Tiger battalions, s.SS-Pz.Abt. 103 received Tiger I's for training purposes but did not serve with them in the field. Six were handed over to 9./SS-Pz.Rgt. 3 in June 1944 and the remainder to Pz.Abt.(Fkl) 301. Some of s.SS-Pz.Abt. 103's crews were transferred to s.SS-Pz.Abt. 102. This late production model is seen outside a garage, possibly during training at Zwolle in the Netherlands.

A löveg hátrasiklás közben megszorult és valószínűleg saját személyzete rongálta meg a „211"-es harcászati azonosító számú Tigert. A 301. (távirányítású) páncélosszázad kései gyártású páncélosát a németországi Elsdorfban hagyták sorsára 1945. február 26-án. Ugyanazon a napon ennek az alakulatnak egy másik Tigere lőtt ki elsőként egy amerikai T26E3 „Pershing" harckocsit. Egy másik, a városban zsákmányolt Tigeren szintén megtalálható volt az ezen a páncéloson is látható, lövegpajzs fölé erősített esővető lemez.

Its main gun being in the recoil position suggests that '211' may have been destroyed by its crew. The late production model from Pz.Abt.(Fkl) 301 was lost in Elsdorf, Germany on 26 Feb 1945. Earlier in the day another Tiger I from the battalion was the first to knock out an American T26E3 'Pershing'. A second Tiger captured in the town also had a strip added above the mantlet as a rain shield.

A legutolsónak gyártott Tigerek közül 32 darabot korábban gyártott páncélosok tornyával szereltek fel, amelyeknek korábbi, 25 mm-es vastagságú tetőlemezét 40 mm-esre cserélték és új, öntött kupolát kaptak. A képen látható páncélos tornyán a szabványos zimmerit-bevonat ilyen átalakításra utal, ám sem a parancsnoki kupolát, sem a tetőlemezt nem cserélték le. A járművön csak egyetlen első fényszóró látható, amelyet 1943 októberétől már a homlokpáncél közepén helyeztek el.

32 of the very last Tiger I's were to be built with recycled turrets, which were to have their 25mm roof replaced by a 40mm one and a new cast cupola fitted. The regular Zimmerit coat on the turret here hints at a formal refurbishment, but neither cupola nor roof has been replaced. The hull has a single headlamp mounted centrally on the driver's plate, a feature introduced no earlier than October 1943.

Az 501. nehézpáncélos-osztály volt az első alakulat, amelyet teljes egészében Tiger Ausf. B-kkel szereltek fel, ám ugyanakkor a későbbiekben kapott még Tigereket. Ez a lengyelországi Czestochowában, 1945 januárjában megsemmisült Tiger különleges jegyekkel rendelkezik: a nem kései páncéltest ellenére belső gumírozású fémgörgőkkel szerelték fel. A torony szintén korai gyártású, zimmeritezett és egy Panzer IV-ről származó tárolódoboz van rajta. Az *S-Mine* vetőcsövek arra utalnak, hogy az átalakításokat nem gyárban végezték el.

The s. Pz. Abt. 501 was the first battalion equipped solely with Tiger Ausf.B's, but later received some Tiger I's as replacements. This Tiger destroyed in Czestochowa, Poland in January 1945 has inconsistent build features, such as steel-rimmed road wheels on a non-late hull and an early turret with Zimmerit, pistol port and a Panzer IV bin. The retention of S-mines suggests that these features are not the result of a factory refurbishment.

A háború végén elveszített utolsó Tigerek egyike a berlini Altonaer Strassén vált zsákmánnyá. A páncélos a „Müncheberg" páncélososztályhoz tartozott, amelyet a kummersdorfi kiképző és kísérleti csoport törzséből és harcjárműveiből állítottak fel. A nagyon korai gyártású páncéltestre a tartóbakok alapján még a megtört vonalú sárvédőket szerelték és a vezető figyelőműszere a K.F.F. 2 kéttávcsöves változat volt. Míg a páncéltestet nem, a tornyot ellátták zimmerit-bevonattal és a későbbi változatú, öntött parancsnoki kupolával szerelték fel. Ugyanakkor a torony oldalán még látható a korai kivitelezésű közelharc-nyílás.

One of the last Tigers lost in the war was this 'hybrid' captured on Altonaer Strasse in Berlin. It belonged to Panzer-Abteilung Müncheberg, a scratch unit formed with staff and vehicles from the training and experimentation group at Kummersdorf. The very early hull had 'kinked' track guards and a K.F.F.2 scope but no Zimmerit, which the turret does. The cupola is cast, yet there is an early pattern pistol port in the side wall.

# COMING SOON!

MÁTYÁS PÁNCZÉL

## STURMGESCHÜTZ III ON THE BATTLEFIELD 3
★ WORLD WAR TWO PHOTOBOOK SERIES ★

volume **8**

peko
PUBLISHING